中青年经济学家文库

辽宁省教育厅项目：可行能力视角下农业转移人口市民化能力提升的实现机制研究（LJ2019QW002）

新型城镇化进程中农民工市民化能力提升研究

宋艳菊　谢剑锋　著

中国财经出版传媒集团

经济科学出版社

Economic Science Press

图书在版编目（CIP）数据

新型城镇化进程中农民工市民化能力提升研究/宋艳菊，
谢剑锋著．—北京：经济科学出版社，2019.7
（中青年经济学家文库）
ISBN 978 - 7 - 5218 - 0695 - 3

Ⅰ.①新⋯　Ⅱ.①宋⋯②谢⋯　Ⅲ.①民工 – 城市化 –
研究 – 中国　Ⅳ.①D422.64

中国版本图书馆 CIP 数据核字（2019）第 144636 号

责任编辑：李　雪
责任校对：刘　昕
责任印制：邱　天

新型城镇化进程中农民工市民化能力提升研究
宋艳菊　谢剑锋　著
经济科学出版社出版、发行　新华书店经销
社址：北京市海淀区阜成路甲 28 号　邮编：100142
总编部电话：010 – 88191217　发行部电话：010 – 88191522
网址：www. esp. com. cn
电子邮件：esp@ esp. com. cn
天猫网店：经济科学出版社旗舰店
网址：http：//jjkxcbs. tmall. com
固安华明印业有限公司印装
880 × 1230　32 开　8.5 印张　170000 字
2019 年 7 月第 1 版　2019 年 7 月第 1 次印刷
ISBN 978 - 7 - 5218 - 0695 - 3　定价：48.00 元
（图书出现印装问题，本社负责调换。电话：010 – 88191510）
（版权所有　侵权必究　打击盗版　举报热线：010 – 88191661
QQ：2242791300　营销中心电话：010 – 88191537
电子邮箱：dbts@ esp. com. cn）

前　言

　　经过改革开放 40 年来的转型发展，中国特色社会主义进入新时代，经济增长进入新常态。传统的人口红利和全球化红利呈衰退趋势，经济增速也由两位数的高增长逐渐走向更加追求质量和效益的中高速增长。农民工市民化是支撑我国经济保持中高速增长、完成顺利对接"两个一百年"奋斗目标的重要条件，是解决"三农"问题的核心，也是破解二元结构，促进城乡区域协调发展的重要途径。我国的农民工市民化是分两步进行的，即由农民到农民工，再由农民工到市民的过程。作为经济体制转轨和社会转型的特殊社会群体，农民工在市民化过程中仅仅只是实现了职业上的地域转变，尚未成为真正意义上的"市民"。农民工市民化程度严重滞后于工业化和城镇化，呈现出成本"高价化"、进程"二元化"和结果"半市民化"等特征。

　　我国的城镇化发展进入以人为核心的新型城镇化阶段，制约农民工市民化的制度障碍随着公共服务均等化的推进而逐渐消除，农民工市民化意愿也随着新生代农民工成为市民化主体而增强。农民工自身市民化能力的"无形门槛"将成为制约农民工市民化的关键因素。一方面，经济融入能力较弱，即使中央政府、地方政府和企业能够分担市民化的外部成本，农民工自身仍难以承担市民化的私人成本。另一方面，社会融合能力不足，社会交往固化，心理归属感缺乏，政治参与意识淡薄，维权能力弱。破解这一难题关键是要提升农民工市民化能力。现有研究更多考察了农民工市民化的制度障碍、意愿问题，而对农民工市民化能力的研究较少。因此，本书在新型城镇化背景下，从理论分析和测度指标两个方面进行了创新，将经济学、管理学、社会学、统计学等多学科研究方法相结合，使用中山大学2014年CLDS数据测度了农民工市民化能力水平，采用成本模型测算了2010～2016年农民工市民化年均总成本。以上述研究为基础，从理论层面上阐释了人力资本、社会资本和权利要素对农民工市民化能力形成的作用机理，运用有序Probit模型对影响因素进行了计量检验，得出受教育程度、参加培训次数、工作经验、职业技能、社会熟悉、政治参与、参加社保对市民化能力影响显著。据此提出以教育培训、社会网络和社会关系培育、户籍制度重构和社会保障制度回归为主要路径的农民工市民化能力提升的对策建议。本研究为推进农民工市民化实践提供了理论依据和实证支持，为制定合理的农民工市民化政策建议提供了依据。

本书主要内容包括以下几个部分：

第一部分为理论基础。通过厘清城镇化与城市化概念，分析传统城镇化发展中面临的突出问题，明确了新型城镇化的内涵是"人的城镇化"。结合托达罗模型和卢卡斯模型阐释了影响农业转移人口市民化的重要因素及其与市民化能力形成的关系。根据阿马蒂亚·森的能力贫困理论和中国劳动力乡城迁移阶段论提出新型城镇化进程中农民工市民化能力提升对推进农民工市民化进程的重要影响。

第二部分为中国劳动力乡城迁移的历史演进及其市民化制约因素。本书按照户籍制度变迁历程把中国农业劳动力转移划分为四个历史阶段：第一阶段，进城劳动限制的初步放开与农业剩余劳动力转移的开端；第二阶段，农民工群体大规模形成与农民工的规范管理；第三阶段，农民工权益保护阶段；第四阶段，农民工逐渐市民化的阶段。本书分析了农民工市民化的主要制约因素，提出了农民工市民化能力不足是当前制约市民化进程的主要因素。

第三部分为农民工市民化能力构成及测度。首先指出农民工市民化能力构成要素及其特征表现；其次，使用主成分分析法，从经济融入能力和社会融合能力两个方面构建了市民化能力综合指标体系，得出农民工经济融入能力弱，社会融合能力不足；最后，借助成本模型测度了 2010～2016 年我国农民工市民化年均总成本、公共成本和私人成本，并利用博弈矩阵分析构建了市民化成本分担思路，提出了提升农民工市民化能力是解决农民工市民化滞后的关键。

第四部分为农民工市民化能力的影响因素及其计量检验。首先，阐述了人力资本、社会资本和权利要素对农民工市民化能力形成的影响及其作用机理；其次，采用 Stata13.0 软件并运用有序 Oprobit 模型实证分析了人力资本、社会资本、权利要素和其他相关变量对农民工市民化能力的影响，得出受教育程度、参加培训、工作经验、职业技能、社会熟悉、政治参与、参加社保等对市民化能力有显著影响。

第五部分为提升农民工市民化能力的对策建议。对策建议从以下几个方面提出：第一，基于人力资本视角，提出以教育和培训为主要途径提升农民工人力资本水平；第二，基于社会资本的视角，提出以构建"弱关系型"和"契约型"社会网络和"组织型"社会关系为基础培育农民工社会资本；第三，基于权利要素的视角，提出以户籍制度重构和社会保障权利回归为核心赋予农民工权利要素。

目　　录

第1章

绪　论

1.1
研究背景和意义

　　经过改革开放40年来的转型发展，中国特色社会主义进入新时代，经济增长进入新常态。传统的人口红利和全球化红利呈现衰退趋势，经济增速由两位数的高速增长逐渐走向更加追求质量和效益的中高速增长。农民工市民化是支撑我国经济保持中高速增长、完成顺利对接"两个一百年"奋斗目标的重要条件，是解决"三农"问题的核心，也是破解二元结构、推进供给侧结构性改革、促进城乡区域协调发展的重要途径。

1.1.1　研究背景

党的十九大报告指出，我国社会主要矛盾已经发生了转变，即由人民日益增长的物质文化需要同落后的社会生产之间的矛盾转化为当前人民日益增长的美好生活需要和不平衡不充分的发展之间的矛盾。从生产力发展来看，总体水平显著提高，并在很多方面进入世界前列。国内生产总值从 0.37 万亿元（1978 年）增长到 80 万亿元（2017 年），稳居世界第二，对世界经济增长贡献率超过 30%[①]。然而，必须清醒地认识到，经济发展不平衡不充分，特别是农业转移人口市民化滞后问题，已经成为满足人民日益增长的美好生活需要的主要制约因素。

（1）中国经济增长进入新常态

自改革开放以来，中国经济保持了年均 9.6%[②]的经济增长速度。传统的高速经济增长来源于两大红利驱动：一是供给端的内部人口数量红利；二是需求端的外部全球化红利。2008 年国际金融危机之后，内外两大红利加速衰退，中国经济也从两

---

① 习近平．中共十九大报告 ［R/OL］．http：//news.hexun.com/2017 – 10 – 18/191267242.html，2017.10.18.

② 国家统计局．2017 年中国统计年鉴 ［N/OL］．http：//www.stats.gov.cn/tjsj/ndsj/2017/indexch.html.

位数的高增长平台逐步走向趋缓增长平台。据统计，2017 年中国经济增长率为 6.8%（明显低于前些年近 10% 的增长率）[1]。这不只是经济周期的问题，更是由中国经济发展的内在逻辑决定的，即经济增长方式的转变和经济结构的调整问题，是经济增长回复理性的新常态。

中国作为发展中大国，城乡二元结构特征明显。以农民工为主要构成部分的城市常住人口的扩大，是实现二元经济向一元经济转型的重要路径，并与它所带动的第二、第三产业的发展一起推动经济增长[2]。但是，当前农民工市民化仅仅实现了职业地域转变，尚未完成"市民"身份的转变，"半市民化"现象严重。农民工在城市的消费能力非常有限，对经济增长拉动效应不明显。未来中国经济增长的空间载体与动力是源于以农民工市民化为内涵的深度城市化[3]，城市层面的集聚所产生的正外部性将是经济可持续增长的重要来源之一。从 2011 年起，中国的人口结构已经迎来拐点[4]，劳动力低成本的比较优

---

① 国家统计局. 2017 年中国统计年鉴［N/OL］. http：//www. stats. gov. cn/tjsj/ndsj/2017/indexch. html.

② 周建华. 农民工市民化的经济增长效应分析［J］. 现代经济探讨，2013（3）：16.

③ 蔡昉. 城市化与农民工的贡献—后危机时期中国经济增长潜力的思考［J］. 中国人口科学，2010（1）：2 - 10.

④ 学界常用人口抚养比下降来定义人口红利。即当一个国家的人口抚养比比较低时，可为经济发展创造比较有利的人口条件. 人口抚养比，指总人口中非劳动年龄人口与劳动年龄人口数之比。劳动年龄人口我们选择 15 ~ 64 岁人口定义。

势逐步丧失，未来的世界工厂已经向东南亚地区转移。那么，在新的历史阶段中，中国经济增长新动力是什么？农民工市民化将成为加速城镇化的重要推动力。

（2）城镇化快速发展的基本态势

城镇化是现代化的必然途径，是一个国家现代化水平的重要标志。20 世纪以来特别是"二战"之后，随着信息网络的普及和高速发展，并伴随资本和劳动力的全球流动性加强，大规模、宽范围的城镇化运动在全球展开。相比已经完成城镇化的发达国家而言，大多数发展中国家仍然处于城镇化从起步到快速发展的过渡阶段。应该说，当前人类所面临的经济和社会活动的空间分布格局已悄然发生了变化，以城市为主要生活空间的时代已经来临。从联合国的统计和预测数据来看，2011 年全球总人口为 69.74 亿，其中城市人口 36.32 亿，城镇化率过半，达到了 52.1%；2050 年全球总人口将达到 93.06 亿，城市人口增长到 62.52 亿，城镇化率将达到 67.2%。预计在 2020 年前后全球农村地区人口数量及其占总人口的比例都将开始绝对降低①。

中国城镇化伴随着工业化经历了一个低起点、高速度的发

---

① 刘培林.世界城市化和城市发展的若干新趋势新理念［J］.理论学刊，2012（12）：55.

展过程。1978～1992 年，城镇化率由 18.96% 提升至 27.46%，年均增长率①为 2.6%；1993～2002 年，城镇化率由 27.99% 提升至 39.09%，年均增长率为 3.8%；2003～2012 年，城镇化率由 40.53% 提升至 52.6%，年均增长率为 2.9%；2013～2017 年，城镇化率由 53.73% 提升至 58.52%，年均增长率为 2.2%。中国城镇化在保证较高增速的同时（见图 1-1），由于历史的、体制的、发展阶段的多种原因，城镇化发展出现了

图 1-1　1978～2017 年中国城镇化率趋势

资料来源：2017 年中国统计年鉴；2017 年国民经济和社会发展统计公报。

---

① 年均增长率指一定年限内，平均每年增长的速度。用公式表示：$g = \sqrt[n]{\dfrac{B}{A}} - 1$，其中 B 为最后一年，A 为第一年。

一些迫切需要解决的问题。全国常住人口城镇化率虽然已经达到 58.52% （2017 年），但户籍人口城镇化率仅为 42.35%，这不仅远低于发达国家 80% 的平均水平，也低于人均收入与我国相近的发展中国家 60% 的平均水平①。与此同时，存在城镇化滞后工业化、土地城镇化快于人口城镇化、城镇空间布局和规模结构失衡、人口"不完全城市化"等诸多问题。

（3）农民工市民化面临的现实问题和亟待破局

任何一个国家在从传统社会向现代社会转型过程中都必须面对产业结构与城乡结构的双重转换压力。与之相伴的是必然要经历从农业人口到非农业人口、从农村人口到城市人口、从农民到市民的转换过程。农民非农化是市场化改革的结果，从国外发达国家的历史经验来看，农业人口转移与市民化过程是一次性同步完成的。但由于市场机制不健全，中国的农业转移人口市民化并没有像其他国家那样一步到位，而是走出了一条由先从农民到农民工，再从农民工到市民的两个阶段构成的"中国路径"。当前，农业转移人口市民化发展的第一个阶段（即农民→农民工）已无障碍。我们面临的关键任务是有序推进农民工市民化问题。

---

① 中华人民共和国国家发展和改革委员会发展规划司. 国家新型城镇化规划（2014～2020 年）［R/OL］. http：//ghs. ndrc. gov. cn/zttp/xxczhjs/ghzc/201605/t20160505_800839. html.

从党的十八大报告提出有序推进农业转移人口市民化，到逐步把符合条件的农业转移人口转为城镇居民，再到通过财政政策加速推进农业转移人口市民化、提出 2020 年实现约 1 亿农业转移人口落户城镇的战略目标（见表 1-1）。农民工市民化政策推力加速，包括针对户籍制度深入改革，建立覆盖全部常住人口的城镇基本公共服务制度；建立财政转移支付同农业转移人口市民化挂钩机制；实施城镇建设用地增加规模与吸纳农业转移人口落户数量挂钩机制；制定中央预算内投资安排向吸纳农业转移人口落户数量较多的城镇倾斜的方案。党的十九大报告中明确指出农业转移人口市民化的核心是实现公共服务均等化。因此，有序推进农业转移人口市民化将作为我国当前和今后一段时期内经济社会发展的一项重要工作，并作为提高城镇化质量的一项重要战略举措。

表 1-1　　党的十八大以来农民工市民化推进的标志性政策文件

文件名称	出台时间	主要内容
党的十八大报告	2012.11.8	加快改革户籍制度，有序推进农业转移人口市民化
关于全面深化改革若干重大问题的决定	2013.11.15	推进农业转移人口市民化，逐步把符合条件的农业转移人口转为城镇居民；对进城落户的农民工给予与城镇居民同等的社会保障权利；建立城乡社会保障衔接体系，为农业转移人口市民化提供财政支持

文件名称	出台时间	主要内容
国家新型城镇化规划（2014～2020年）	2014.3.16	到2020年实现约1亿农业转移人口落户城镇的目标
关于进一步推进户籍制度改革的意见	2014.7.30	统一城乡户口登记制度，全面实施居住证制度，将义务教育、就业服务、基本养老、基本医疗卫生、住房保障等城镇基本公共服务覆盖全部常住人口
国家十三五规划纲要	2015.11.3	两个挂钩机制：实施财政转移支付同农业转移人口市民化挂钩机制，实施城镇建设用地增加规模与吸纳农业转移人口落户数量挂钩机制，中央预算内投资安排向吸纳农业转移人口落户数量较多的城镇倾斜
党的十九大报告	2017.11.8	农业转移人口市民化核心是实现公共服务均等化
关于实施乡村振兴战略的意见	2018.1.2	健全覆盖城乡的公共就业服务体系，大规模开展职业技能培训，促进农民工多渠道转移就业，提高就业质量。深化户籍制度改革，促进有条件、有意愿、在城镇有稳定就业和住所的农业转移人口在城镇有序落户，依法平等享受城镇公共服务

资料来源：由笔者收集整理所得。

受传统经济增长理论和早期发达国家经济增长演化路径的影响（即工业资本积累是一国财富增进的主要手段），盲目推行工业化和城镇化，甚至通过牺牲农业、农民利益（福利）来人为设定制度约束（二元制度及城市偏向制度）是造成农民工群体"流而不迁，迁而难入"的主要原因。根据制度变迁理论，制度变迁存在着类似于物理学的惯性，即一旦进入某一路径（不管这一路径是好是坏）都有可能产生路径依赖，而且会不断自我强化。因此，在新型城镇化战略中虽然可以通过公共服务均等化复归农民工的各项社会福利和公平权利，但是由于长期二元制度约束造成的农民工市民化能力贫困却难以在短期内平衡，必须把提升农民工市民化能力作为推进农业转移人口市民化的主要任务。

1.1.2 研究意义

农民工市民化问题是一项复杂的系统工程，市民化问题的解决是一个长期渐近的过程，需要政府、企业与农民工群体的共同努力。现阶段，农民工市民化进程中所面临的高昂成本是无法回避的障碍，必须克服。其中，公共成本和企业成本主要由政府部门和企业共同承担；而私人成本部分则由农民工群体自身承担。在新型城镇化背景下，政府致力于公共服务均等化的实现，农民工市民化的公共成本已不是主要问题，而高昂的私人成本则是阻碍农民工市民化的主要障碍。现有的研究更多侧重成本的测度及成因的分析，而没有提出较为清晰的解决路径。本书认为，农民工市民化能力贫困是造成其难以承担高成本压力的重要原因。由于长期二元制度约束和城市偏向政策制约，农民工市民化进程中表现出强市民化意愿，弱市民化能力的特征。所以，农民工的市民化能力亟待提高，夯实其经济基础、增强其融入城市社会能力是最终克服高市民化私人成本的关键，决定着新型城镇化进程中农民工市民化的成败。就现有的研究成果来看，对农民工市民化能力构成的认识还不够全面、对能力影响因素作用的判断仍欠准确、对能力提升的对策建议还有待系统研究。在此背景下，我们选取新型城镇化的视角，研究农民工的能力提升与市民化之间的内在逻辑及其作用机理，具有重要的理论和现实意义。

（1）弥补现有研究的不足，丰富农民工市民化研究的理论体系

国内相关研究主要集中在农民工市民化过程中所面临的制度障碍与高成本负担。相应的，对策建议也集中在制度障碍的破解、市民化成本的降低与合理分配上。但是，推进农民工市民化的关键是提高农民工的市民化能力。在新型城镇化背景下，结合当前的经济与社会环境，构建了全面的农民工市民化

的能力指标体系，并进行了相应的测算；分析了影响农民工市民化能力的主要因素及其作用机理，这对明确农民工市民化能力提升的努力方向具有理论指导意义。

（2）对于我国加快农民工市民化，提升城镇化质量和实现城乡区域协调发展具有较强的现实意义

目前，我国农民工始终游离在城市生活之外的状况依然较严重。相当数量的农民工虽然长期在城市工作，为城市发展做出巨大贡献，但其自身却没有被城市完全接纳；此外，农民工的主要家庭成员，如配偶和子女依然滞留农村老家的现象也依然普遍，留守妇女、留守儿童群体仍相当庞大。所以，农民工市民化滞后已经是严重的社会问题，无论从农民工家庭福祉的立场上考虑，还是从全社会和谐发展的视角下考虑，该问题都是亟待解决的。农民工市民化的程度是衡量新型城镇化质量的重要维度之一，是城乡区域协调发展的关键体现。本书的研究力求为平稳有序地推进农民工市民化进程提出合理的、体系化的对策建议，具有较重要的现实意义。

（3）对于我国经济的可持续发展具有长远意义

经济可持续增长的核心是全要素生产率的提高，而不是生产要素投入总量的不断增加。决定全要素生产率的重要因素之一是资源配置效率。如果以资源配置的视角来审视农民工市民化对提高全要素生产率的作用，可以发现，在一个国家人口规

模既定的情况下（该假设符合我国人口红利逐渐消失的现实情况），通过改变人口的空间分布，即人口向全要素生产率更高的大城市集聚，借助于城市层面的规模经济，就会产生对整个国家经济增长的持续推动力①。农民工市民化就是使劳动力这种最为重要的生产要素高效流向全要素生产率更高的地区的必由之路，由此产生的对我国经济持续增长的推动力也将是长期的。此外，从需求的视角看，农民工及其家庭向市民转化的过程中所需支付的成本将构成对经济体的需求拉动；考虑到城市居民的消费倾向与能力要远高于农村居民，数量庞大的农民工群体在逐渐完成向市民的转化后，仍将持续地释放消费潜力，从而扩大内需、减少经济体对出口的依赖。

综上所述，发现并理解农民工市民化的动力机制，在此基础上构建推动该过程的政策体系，对我国未来经济的可持续发展具有长远意义。

1.2

文献综述

农民工市民化是我国独有的人口迁移现象。与西方发达国

---

① 陆铭. 城市、区域和国家发展—空间政治经济学的现在与未来 [J]. 经济学（季刊），2017（4）：1499–1531.

家不同，我国的乡城人口迁移经历了从农民到农民工、从农民工再到市民的过程。为什么会出现这种现象？它的深刻内涵是什么？我们必须从理论上进行梳理，找到形成人口迁移"中国路径"的内在逻辑。

1.2.1　国外文献综述

国外的乡城人口迁移是从农民到市民的一次性转化，并不存在"农民工"这个概念，但是传统经典的人口迁移理论、二元经济转型理论、城市化理论等可以作为农民工市民化问题研究的理论基础，为破解新型城镇化进程中农民工市民化难题提供了理论支撑和经验借鉴。

（1）传统的人口迁移的"推拉"理论

关于人口迁移的最早研究我们可以追溯到古典经济学创始人威廉·配第（1978），他从经济发展的角度指出，比较利益的存在是促使劳动力从农业部门流向工业部门，再从工业部门流向商业部门的根本原因①。但是这只是个附带的研究成果，并没有据此展开深入讨论。雷文斯坦（Ravenstein，1885）是最早系统研究人口迁移现象的先驱，他所提出的"迁移法则"

---

① 威廉·配第. 政治算术［M］. 北京：商务印书馆，1978：227.

奠定了"推拉理论"的理论框架。具体包括以下几点：第一，影响人口迁移的主要因素是距离，所以迁移者主体优先选择短距离迁移；第二，迁移表现为由大商业中心牵引周围乡镇人口，再由边远乡村人口迁往中心城市、乡镇的阶梯性特征；第三，人口迁出与回流并存；第四，城乡迁移以农村向城市的单向迁移为主；第五，女性迁移者多于男性；第六，以经济动机为主的人口迁移机制①。唐纳德·伯格（Bogue，1985）的"推拉理论"提出，在市场经济和人口自由流动前提下，人口迁移是迁移者受到原住地的推力或者排斥力及迁入地的拉力或吸引力交互作用而形成的。在流出地中那些不益于个人价值实现的社会经济条件成为推力，在流入地中那些有利于生活条件改善和个人成长空间提升的因素成为拉力②。因此，人口流动是受两种不同方向的力作用的结果，一种是促使人口流动的推力，另一种是阻碍人口流动的拉力。美国学者李（Lee，1966）在伯格的基础上，建立了一个完整的人口迁移框架，并解释了从迁出地到迁入地的过程中所遇到的拉力、推力和阻力，以及不同人群对此的反映。他认为流出地和流入地实际上都是受两种

---

① ［英］雷文斯坦. 人口迁移的规律 ［J］. 英国皇家学会杂志，1988（6），转见周淑莲、金培主编. 国外城乡经济关系理论比较研究 ［J］. 经济管理出版社，1993（12）：85.

② D. J. Bogue, The Population of the United States: Historical Trendsand Future Projections ［M］. *New York*: Free Press, 1985, 242.

力量（即推力和拉力）作用的结果。同时他又补充了第三个因素，即中间障碍因素①。他指出这些障碍因素既有客观的，也有主观心理方面的，只有迁移动力强并能够克服迁移阻力的人才能最终完成人口迁移。

（2）乡城人口流动的二元经济模型

在经济学文献中，刘易斯（Lewis，1954）最早建立了发展经济学的核心理论：二元经济结构理论。刘易斯认为发展中国家存在二元异质的两个部门，即现代的资本主义部门和传统的农业部门。在这种情况下，一国经济增长关键是靠现代工业部门的资本积累，而资本积累的源泉就是农业部门提供的无限供给的劳动力②。只要资本部门支付传统部门生存工资，就会吸引劳动力从维持生计的农业部门流向现代资本部门，直到农业剩余劳动力全部被吸收完毕、实际工资提高为止，进入刘易斯转折点。这时完成二元经济向一元经济转化，农村人口单纯向城市流动过程得以结束。

拉尼斯和费景汉（Ranis and Fei，1961）在刘易斯模型基础上，研究了工业发展和农业发展的关系，建立了一个包含工、农两部门发展的人口流动模型。他们认为，发展中国家二

① Lee. A theory of migration [J]. *Demography*, 1966, 3 (1): 47 – 57.

② Lewis. Economic Development with Unlimited Supplies of Labor [J]. *Manchester School of Economic and Social Studies*, 1954, 22 (2): 139 – 191.

元经济转型和人口乡城迁移需经历三个阶段：第一阶段，将农业劳动边际生产率为 0 的那部分劳动者先转移出来，此时人口乡城迁移并未影响农业产出；第二阶段，将农业劳动边际生产率大于 0，但小于平均收入的劳动者转移出来，此时农业总产出将下降，人均农业剩余减少，出现粮食短缺点，农业中的"伪装的失业"得以消除；第三个阶段，当农业中的隐性失业全部转移后，工业部门和农业部门所面临的劳动力供给曲线均为正斜率，此时两部门劳动边际产出相等，工资均由供求的市场法则来确定①。当然，农业生产率的增长是保证工业部门扩张和劳动力转移的必要条件②，但是仅仅有农业部门生产率的增加还是不够的，要使这一过程不受阻碍，还必须强调工业部门和农业部门的平衡增长。

乔根森（Jorgenson，1967）在《过剩农业劳动力和两重经济发展》一文中也建立了一个二元经济模型，但与刘易斯—拉尼斯—费景汉模型所不同的是，乔根森放弃了农业部门劳动边际生产率为零和两部门工资为固定工资假设，而是在新古典框架内研究工业部门的增长。他认为农业转移劳动力具有正的边际产出，农业剩余的多少决定了工业部门的资本积累，农业部

---

① Fei and Ranis. Theory of Economic Development [J]. *American Economic Review*, 1961：9.

② 张培刚，张建华. 发展经济学 [M]. 北京：北京大学出版社，2016：395.

门的工资等于劳动的平均产品，现代工业部门的工资等于边际生产力①。因此，农业剩余劳动力转移的前提条件是农业剩余，并且只有当农业剩余大于零时，才有可能形成转移的劳动力。乔根森模型更加强调农业自身的发展和技术进步，但是忽视了对农业物质投资的重要性和城市失业等问题。

美国经济学家托达罗（Todaro，1969）将乡城迁移决策、就业概率和预期收入变量引入模型中，建立了托达罗人口迁移模型。与传统的人口流动模型只关注城乡实际收入差异决定迁移的动机不同，托达罗模型更加强调城乡预期收入差异对迁移决策的影响②。由于现实生活中，城市工业部门并非是完全就业的，失业现象时有发生。因此，农业剩余劳动力进入城市后，职业的选择和搜寻具有不确定性。理性的劳动者通常会选择用实际收入乘以就业概率得到的预期收入作为衡量自己能够获得城市收入的评价尺度。当预期收入大于劳动力在农村中的平均收入时，迁移才是有利可图的。同时他又引入了非正规部门就业的概念，恰恰是城市非正规部门吸纳了那些从农村迁移到城市并未在正规部门就业的劳动力。因此，托达罗模型也被

① Jorgenson. Surplus Agricultural Labour and the Development of A Dual Economy [J]. *Oxford Economic Papers*, 1967, 19 (3): 288 – 312.

② Todaro. A Model of Labor Migration and Urban Unemployment in Less Developed Countries [J]. *American Economic Review*, 1969, 59 (1): 138 – 148.

称为"三部门"模型。

（3）20 世纪 80 年代以来的新劳动力迁移理论

20 世纪 80 年代以后，斯塔克（Stark，1984）提出了新劳动力迁移经济理论。他以家庭作为研究对象，研究了人口迁移的家庭福利最大化决策行为。他认为家庭（或个人）参与决策的目的是增加家庭收入和降低农村地区不完全市场所造成的风险[1]。因此，这一理论强调了转移者与家庭为了应付收入的不确定而共同承担转移成本和共享收益以扩散风险。班那基（Banerjee B.，1986）也研究了家庭决策对劳动力乡城迁移的影响，认为家庭收益最大化对促进人口乡城迁移作用要高于对个人收益的追求[2]。斯塔克和泰勒（Stark and Taylor，1991）在其相对贫困人口理论中，提出相对贫困产生的剥夺感是人口乡城迁移的动机[3]。波塞尔和卡萨莱（D. Posel and C. Casale，2003）通过对南非 1993～1999 年劳动力迁移数据分析，发现南非农村劳动力迁移数量呈显著增加趋势，其中女性劳动力比

---

[1]　Stark. Rural-to-Urban Migration in Less Development Countries：A Relative Deprivation Approach [J]. *Economic Development and Cultural Chang*，1984，32（3）：475 – 486.

[2]　Banerjee B. . Rural to urban migration and the urban labour market（a case study of Delhi）[J]. *Review of Finance*，2011：15.

[3]　Stark，Taylor. Migration incentives，the role of relative deprivation [J]. *The Economic Journal*，1991：101.

例显著提高①，于是得出结论，人口迁移与其家庭存在紧密经济联系。扎伊塞瓦和齐默尔曼（Zaiceva and Zimmermann，2009）研究了欧洲国家劳动力迁移的规模、多样性和决定因素，得出欧盟国家拉动力迁移水平较低，这主要是由受教育程度、个人认知程度决定的②。茜恩（Shin et al.，2008）等对比了农村生活方式和城市生活方式，认为人口迁移合理化趋势必须注意两个问题：一是对农村人口住宅用地的补偿；二是要考虑人口居住密度合理化③。卢卡斯（R. E. Lucas，2004）基于人力资本的视角研究了劳动力乡城迁移问题，提出技能提升、获得收入能力增加、相关素质提升等人力资本的积累，为农村劳动力城市融合奠定了基础④。

（4）人口迁移与城市化关系的相关研究

雅克·列登（Jaques Ledent，1975）在《城乡劳动力迁移、城市化与经济发展》一文中，采用实证分析方法研究了城市化与

---

①　D. Posel, Casale C.. Two million net new jobs: A reconsideration of the rise in South Africa, 1995 ~ 2003 [J]. *South African Journal of Economics*, 2003, 72 (5): 978 - 1002.

②　Zaiceva, Zimmerman. Diversity and Determinants of Labour Migration in Europe [J]. *CEPR Discussion Papers*, 2009, 24 (3): 428 - 452.

③　Shin M. S., Ha J. M., Park S. K.. Migration Tendency according to the Residents' Lifestyle in a Large Resident Estate Development – Focused on the Daegu Sin – Seo Innovative City [J]. *Journal of the Korean Housing Association*, 2008, 19 (1): 29 - 37.

④　R. E. Lucas. Life Earnings and Rural – Urban Migration [J]. *Journal of Political Economy*, 2004, 112 (S1): 29.

经济发展水平的关系。他认为不同的城市化过程反映了不同的经济发展水平，城乡间自然情况的差异和人口的相互流动是决定城市化的主要因素。其中，世界上大部分持续城镇化的国家都将其归因于人口的乡城迁移，尤其在发展中国家里这一特征尤为显著。泽林斯基（Zlinsky，1971）考察了发达国家 20 世纪 70 年代人口迁移与人口再生产类型转变，提出了"人口迁移转变理论"（见表 1-2）。他把人口迁移与人口转变、工业化和城市化结合起来，从更广阔的视角解释了人口迁移和流动的重要性[1]。

表 1-2　　20 世纪 70 年代发达国家人口迁移进程的五个阶段论

社会各阶段	出生率	死亡率	自然增长率	人口迁移特征
工业革命前传统社会阶段	高	高	缓慢	很少迁移和流动
工业革命早期社会转变阶段	较高	下降	增长	大规模乡城迁移
工业革命晚期社会转变阶段	下降	下降	放缓	乡城迁移速度放缓
发达社会阶段	低	低	低	乡城迁移速度更低，城市内部的人口流动性加强
未来超发达社会阶段	低	低	更低	以城市内部的城市之间迁移为主

---

① Zlinsky, Este. The Hypothesis of the Mobility Transition, *Geographic Review* [J]. 1971 (61)：216 - 249.

诺瑟母（Ray. M. Northam，1975）总结了欧美城市化发展历程，认为世界各国城市化发展历程呈现出"S"型，并因此命名为"诺瑟母 S 型曲线"。他把城市化进程分为三个阶段：第一阶段为起步阶段，农业占据主导地位，城市化水平较低，发展速度也较慢；第二阶段为城市化加速阶段，人口向城市聚集，城市市区出现劳动力过剩、交通拥挤、住房紧张、环境恶化等问题，同时出现郊区城市化回流现象；第三阶段为城市化成熟阶段，城市人口比重增长趋缓甚至停滞，出现城市化地域向农村推进及人口向农村迁移现象，即逆城市化现象①。诺瑟母 S 型曲线解释了城市化发展的一般规律，阐明了农民市民化和城市化对一国经济发展的影响，对农民工市民化推进具有一定理论指导意义。波尔艾和曼莫汉辛格（Oberai and Manmohan Singh，1984）研究了劳动力迁移与城市充分就业的关系，认为劳动力迁移进入城市不会对城市不充分就业产生显著影响，自由的人口迁移城市就业政策能够促进经济发展和社会进步②。

---

① R. M. Northam. Urban Geography［M］. New York：John Wiley & Sons，1975.

② Oberai，Manmohan Singh，Migration，employment and the urban labour market：a study in the Indian Punjab［J］. *Internation Labour Review*，1984，123（4）：507 – 522.

1.2.2 国内文献综述

国内学术界对农民工市民化问题研究始于 2000 年前后。相关研究主要从社会学、管理学、统计学、人口学、政治学和经济学等学科角度开展，对农民工市民化的内涵、特征表现、障碍、进程测度和实现路径等进行了研究。

1.2.2.1 关于农民工市民化内涵、进程及影响因素的研究

学界对于农民工市民化问题的研究热度较高，从不同角度进行了富有价值的探索，为本书的研究提供了丰富的理论基础和研究方法的借鉴。

第一，关于农民工市民化内涵的研究。"农民工市民化"是中国特色城镇化道路所独有的现象。学术界对农民工市民化内涵界定从狭义到广义，从过程到结果，从客观到主观等不断丰富和发展，虽没有达成共识，但对农民工市民化内涵的判断大体趋向一致（见表 1 - 3）。

表1-3 一些研究者对市民化内涵判断标准的代表性观点

研究者	内涵界定
刘传江（2004）； 赵立新（2006）	户籍变动、产业转换、地域转移、文化转变
梅建明（2007）	城市就业且收入稳定、户籍转变、公共产品供给均享
王桂新等（2008）	居住条件、经济生活、社会关系、政治参与、心里认同
徐建玲（2008）； 刘传江等（2009）	从结果角度：生产职业、社会身份、自身素质、意识行为 从过程角度：农村退出、城市进入、城市融合的过程
申兵（2011）	实现职业和社会身份的双重转变，获得城市居民的公共服务
姜义平（2012）	客观指标：生存环境、生活水准、文化素质、社会保障、民主权利
	主观指标：自我及社会认同、价值观
魏后凯，苏红键 （2013）	社会身份的转变、政治权利的平等、公共服务全覆盖、经济生活条件改善、综合文化素质提高、广泛的社会认同
冷向明，赵德兴 （2013）	四个维度转化：职业市民化、地域市民化、身份市民化、价值观念市民化

资料来源：由笔者搜集整理所得。

赵立新（2006）认为，农民工市民化是指离开原住地半年以上并在城市务工经商的农民逐步向市民转化的过程[①]，并从户籍变动、产业转换、地域转移和文化转变四个方面判断农民工市民化进程。农民工市民化是城镇化健康发展的必然要求，

———————

① 赵立新. 城市农民工市民化问题研究 [J]. 人口学刊, 2006 (4)：40-45.

也是构建和谐社会的重要内容，真正的市民化依赖于农民工从社会权利、法律规范、价值观念、行为模式、社会角色等诸多方面完成向市民的过渡①。梅建明（2007）认为，农民工市民化是伴随着工业化和城市化发展的，农村人口向城市转移并最终成为市民的过程②。党的十八大报告对农业转移人口市民化给出了明确定义，它是指从农村转移至城镇的劳动力人口不但要经历城乡迁移和职业转变，而且也要实现与城镇户籍居民均等的社会身份和社会权益。从更广义的范围去理解，农民工市民化应该包括以下五个方面：一是居住空间的转换，即农民工从农村流出，迁移定居在城市；二是职业身份转变，即由在城市从事非正规就业转变为正规就业岗位，实现就业的长期性；三是户籍身份的转变，即农民工获得与城市市民同等性质户籍身份，由农村户口转变为城市户口；四是实现公共服务均等化，农民工要和城市居民享受同等经济增长的红利，分享同等的社会福利，实现社会公正；五是意识观念的转变，获得现代城市市民意识，从生活理念、思维方式、价值观念、行为习惯等方面实现由乡村到城市的转变。因此，农民工市民化实质是

---

① 钟水映，李魁. 农民工市民化过程中的现代式社会资本构建 [J]. 东北大学学报（社会科学版），2007（11）：500－505.

② 梅建明. 实现农民工市民化是解决农民工问题的根本途径 [J]. 武汉大学学报（哲学社会科学版），2007（6）：952－957.

打破城乡二元结构，实现城乡公共服务均等化的过程。

第二，关于农民工市民化进程的研究。由于农民工市民化数据难以直接获取，研究者主要是利用调查问卷的方式取得一手资料，通常选择代表性城市进行研究，以此来推断我国农民工市民化进程。王桂新（2008）采用等值赋权法测算了2006年上海市农民工市民化程度，得出总体水平达到54%①。刘传江、程建林（2009）分别采用差距乘积的平方根和专家赋值法对2005年武汉市市民化程度进行了测算，两次结果有明显差异。其中第一种测法两代农民工市民化差异大（31.3%与50.23%），相差近20个百分点；第二种测法接近（42.03%与45.53%），只差3个百分点②。由于调查数据受样本范围的限制，其代表性受限，难以准确衡量出全国的市民化水平。魏后凯、苏红键（2013）从政治权利、经济条件、公共服务、文化素质四个方面构建了市民化程度测度指数，以此来评价市民化各方面与城镇市民的差距，研究得出2011年中国农业转移人口市民化综合程度仅为39.56%，并据此推算出2012年中国真

① 王桂新. 中国城市农民工市民化研究——以上海为例 [J]. 人口研究，2008（1）：1-7.

② 刘传江，程建林等. 中国第二代农民工研究 [M]. 山东：山东人民出版社，2009：102-107.

实的完全城镇化率为 42.2%①。刘松林、黄世为（2014）构建了包括教育、政策制度和市民化意愿及能力等指标的农民工市民化综合指标体系，得出全国农民工市民化的平均水平为 39.99%，且全国各地差距较大，进程不统一②。鲁强、徐翔（2016）从内外因相互作用机理入手，运用 TT&DTHM 模型厘清了市民化进程中农民工群体异质性、非异质性特征，以及被动边缘化、主动边缘化与双重边缘化等障碍，构建了农民工市民化双三重螺旋指标体系，得出我国农民工市民化进程为 50.2%，刚刚跨过中市民化率门槛③。总体来看，中国农民工市民化进程普遍偏低，面临的障碍还很多。

第三，关于农民工市民化的障碍及影响因素的研究。刘慧芳、冯继康（2008）认为农民工市民化过程中遇到了来自社会资本、制度转换、主体素质和认同归属四个方面的约束，并从发展的视角提出推进市民化的路径选择④。黄锟（2011）运用 Logistic 回归模型和入户调查数据研究了城乡二元制度对市民化

① 魏后凯，苏红键. 中国农业转移人口市民化进程研究 [J]. 中国人口科学，2013（5）：21-29.
② 刘松林，黄世为. 我国农民工市民化进程指标体系的构建与测度 [J]. 统计与决策，2014（13）：29-32.
③ 鲁强，徐翔. 我国市民化进程测度——基于 TT&DTHM 模型的分析 [J]. 江西社会科学，2016（2）：200-207.
④ 刘慧芳，冯继康. "三农"难题视阈下的农民工市民化 [J]. 当代世界与社会主义，2008（3）：158-160.

的影响，得出二元就业制度、二元社会保障制度、二元土地制度和二元教育制度对市民化意愿和能力有明显阻碍作用①。汤云龙（2011）指出农民工问题是我国第二次转型背景下亟须解决的关键问题，残缺的市场主体、公共产品的边缘人，以及失范的利益表达是农民工市民化进程中所面临的主要困境②。黄忠华、杜雪君（2014）基于拓展的托达罗模型分析义乌市农村土地制度安排对市民化的影响机制，认为农村土地制度通过保险效应和环境舒适度效应影响农民工市民化意愿③。李仕波、陈开江（2014）提出农民工市民化是新型城镇化的核心议题，必须考虑高房价、户籍限制、就业空间限制、公共成本投入不足等现实困境④。刘小年（2017）从马克思的社会人思想出发，运用结构、过程与后果相统一的系统研究方法得出农民工市民化影响因素，包括三种历时性社会环境因素（即城乡二元结构、经济现代化、国家政策）和四种共时性主体实践因素（即

---

① 黄锟. 城乡二元制度对农民工市民化影响的实证分析 [J]. 中国人口资源与环境，2011（2）：76 - 81.

② 汤云龙. 农民工市民化：现实困境与权益实现 [J]. 上海财经大学学报，2011（5）：34 - 41.

③ 黄忠华，杜雪君. 农村土地制度安排是否阻碍农民工市民化：托达罗模型拓展和义乌市实证分析 [J]. 中国土地科学，2014（7）：31 - 38.

④ 李仕波，陈开江. 农民工市民化面临的制约因素及破解路径 [J]. 城市问题，2014（5）：74 - 78.

农民工的市民化意愿与能力、城市的市民化容量与需求)①。朱健、陈湘满和袁旭宏（2017）利用我国 2000～2014 年 31 个省区市宏观数据，分析了区位、经济社会因素和政策对地区市民化进程的影响②。

1.2.2.2　关于农民工市民化的成本的相关研究

农民工市民化的社会成本是长期以来我国户籍制度、就业制度、社会保障制度、城乡土地制度等制度失灵的一种"历史性存淀"③。从现有研究来看，对市民化成本的研究主要分成三类：一是基于私人成本视角来研究农民工市民化成本。陈广桂（2004）按照不同城市类型测算了家庭总成本，包括生活成本、智力成本、自我保障成本和居住房成本四项，并得出房价虚高→房屋租金传导性虚高→农民工市民化成本过高④；二是从公共成本视角研究农民工市民化成本。国务院发展研究中心课题组（2011）从新增基础设施建设成本、公共服务成本、社会保

---

① 刘小年. 农民工市民化的影响因素：文献评述、理论建构与政策建议 [J]. 农业经济问题，2017（1）：66－73.
② 朱健，陈湘满，袁旭宏. 我国农民工市民化的影响因素分析 [J]. 经济地理，2017（1）：66－73.
③ 张国胜，陈英. 社会成本、分摊机制与我国农民工市民化——基于政治经济学的分析框架 [J]. 经济学家，2013（1）：77－84.
④ 陈广桂. 房价、农民市民化成本和我国的城市化 [J]. 中国农村经济，2004（3）：43－47.

障成本、保障性住房成本、城市管理成本、随迁子女教育成本等方面测算了政府投入的公共成本，并认为短期应以子女教育和保障性住房支出为主，远期应以养老保险补贴为主①。刘洪银（2013）重点研究了新生代农民工市民化中政府所承担的成本，研究得出全国平均为 1.3 万元/人②；三是从私人成本和公共成本的和来研究农民工市民化成本。李小敏、涂建军等（2016）利用成本模型测算了 2013 年我国 31 个省区市的市民化的成本，得出个人成本和公共成本是市民化主体，企业成本占比较小仅为 3.7%，其中生存成本和基础设施成本成为制约市民化的主要成本障碍③。张国胜、陈瑛（2013）构建了社会成本的分摊机制：一是农民工要承担具有城市经济适应能力的私人成本，即社会保障部分花费、城镇保障房建设部分花费、子女素质培养花费、城镇基本生活费用；二是企业应分担劳动就业成本和社会保障部分成本；三是建议通过"农地资本化"或"宅基地转让与置换"方式来分担政府公共成本压力。④ 单

---

① 国务院发展研究中心课题组.农民工市民化：制度创新与顶层制度设计 [M].北京：中国发展出版社，2011：249 – 253.

② 刘洪银.以农民工市民化推进城镇化内敛式转型 [J].当代经济管理，2013（6）：63 – 67.

③ 李小敏，涂建军和付正义等.我国农民工市民化成本的地域差异 [J].经济地理，2016（4）：133 – 140.

④ 张国胜，陈瑛.社会成本、分摊机制与我国农民工市民化——基于政治经济学的分析框架 [J].经济学家，2013（1）：77 – 84.

菁菁（2015）从公共成本和个人成本两个方面测算了我国农民工市民化的综合成本，提出建立政府、企业、个人和市场"四位一体"的成本分担机制①。

现有研究文献已不同程度测算了农民工市民化的边际成本，但其测度结果差异性较大（见表1-4）。

表1-4　　一些研究者对农民工市民化边际成本测度的结果

研究者	样本范围	测度结果（万元/人）
陈广桂（2004）	全国	城市：2；大（中）城市：1；小城市（镇）：0.5
张国胜（2009）	东部沿海	私人成本＋公共成本：第一代：10；第二代：9
	内陆地区	私人成本＋公共成本：第一代：6；第二代：5
国务院发展研究中心课题组（2011）	重庆、郑州、武汉、嘉兴	公共成本：8
陆成林（2014）	全国	公共成本：2.5~7.5
丁萌萌，徐滇庆（2014）	辽宁省	公共成本：0.4
王志章，韩佳丽（2015）	全国	公共成本：3.18
杜海峰等（2015）	全国	外部成本＋私人成本：6.314
单菁菁（2015）	广东	公共成本＋个人成本：12.9
李小敏（2016）	全国	个人成本＋公共成本＋企业成本：11.1

资料来源：由笔者搜集整理所得。

———————————

① 单菁菁. 农民工市民化的成本及其分担机制研究 [J]. 学海，2015（1）：177-184.

　　研究发现，农民工市民化成本分类处理中存在两大误区：一是混淆了市场成本和公共成本，客观上夸大了政府推进农民工市民化的公共财政支出压力；二是混淆了连续性、远期支出与一次性、当期支出的农民工市民化成本，客观上忽视了推进农民工市民化的跨年度财政平衡能力①；三是因研究角度不同、测度标准不同等造成研究结果差异较大。

1.2.2.3　关于农民工市民化能力的相关研究

　　中国农民工市民化表现出了强市民化意愿与弱市民化能力的强烈反差，因此科学构建农民工市民化能力指标体系，对推进农民工市民化进程具有重要作用②。徐建玲（2008）在对农民工市民化进程进行测度中，将市民化能力界定为农民工在城市生存与生活并可以获得广阔发展前途的能力，指出这种能力主要取决于受教育程度和收入水平。黄锟（2011）通过多元回归分析，发现市民化能力与农民工性别、受教育程度、打工时间、制度等变量均显著相关。杨云善（2012）指出，农民工市民化能力指农民工的城市生存和生活能力，其能力大小决定市

---

　　①　胡拥军. 构建农民工市民化的合理成本分担机制［N/OL］. http：//theory. people. com. cn/n1/2017/0116/c40531 – 29026318. html，2017.01.16.

　　②　李练军. 新生代农民工融入中小城镇的市民化能力研究——基于人力资本、社会资本与制度因素的考察［J］. 农业经济问题，2015（9）：46.

民化的整个进程①。刘同山等（2013）把农民工市民化能力划分为个人能力和家庭能力。其中，个人能力取决于个体年龄和受教育程度，而家庭能力则取决于家庭非农收入和是否在城镇购房等指标②。刘治隆（2014）把市民化能力看作是农村居民获取市民身份并在城市求得生存发展的一种能力。这种能力不仅体现为市民化过程中的经济负担、城市适应及制度供给等综合能力，还反映了农民个人及家庭融入城市的微观能力③。刘文烈、魏学文（2016）认为农民工在由农村向城市的转移过程中出现了贫困问题，即经济贫困、权利贫困、精神贫困、文化教育贫困、能力贫困和社会资源贫困等④。林竹（2016）提出市民化能力包括四个方面，即经济能力、社交能力、文化心理能力和政治能力，要提升市民化能力，需使得人力资本、社会资本和心理资本及制度资本协同增加⑤。李练军、潘春芳（2017）从农村退出、城市进入和城市融合视角构建了市民化能力综合评价指标体系，并利用对江西省1056位农民工的调

① 杨云善. 农民工市民化能力不足及其提升对策 [J]. 河南社会科学，2012 (5)：58.

② 刘同山，张云华，孔祥智. 市民化能力、权益认知与农户的土地退出意愿 [J]. 中国土地科学，2013 (11)：23 - 31.

③ 刘治隆. 农民市民化能力初探 [J]. 合作经济与科技，2014 (5)：46 - 47.

④ 刘文烈，魏学文. 城市农民工多维贫困及治理路径研究 [J]. 齐鲁学刊，2016 (6)：90 - 99.

⑤ 林竹. 农民工市民化能力生成机理分析 [J]. 南京工程学院学报（社会科学版），2016 (1)：1 - 7.

查数据，采用层次分析法对中小城镇新生代农民工市民化能力及空间分异进行了研究，结果发现新生代农民工总体市民化能力偏低，发展不均衡，就业能力最强，土地退出补偿能力次之，城市融合能力最差①。

1.2.2.4 关于农民工市民化与城市化关系的研究

王竹林（2007）指出，城市化是市民化的载体，而市民化是城市化的核心内容。由于在城市化进程中出现了市民化的成本"高价化"、进程"二元化"、结果"半市民化"的特征，我们必须坚持多元城市化协调发展战略②。周小刚、陈东有（2009）认为农民工市民化是作为中国人口城市化政策的必然选择，其主要取决于两个原因：一是在工业化、城市化中做出巨大贡献和牺牲的农民工有个体自由选择的权力；二是政府有公平、公正地向全体人民提供公共产品和公共服务的职责③。魏后凯（2014）认为中国城镇化进程中出现了大城市规模迅速膨胀、中小城市和小城市相对萎缩的两极化倾向，认为进城农

---

① 李练军，潘春芳. 中小城镇新生代农民工市民化能力测度及空间分异研究——来自江西省的调查 [J]. 中国农业资源与规划，2017（1）：178.

② 王竹林. 基于农民工市民化特征的城市化战略研究 [J]. 大连理工大学学报（社会科学版），2007（3）：64－69.

③ 周小刚，陈东有. 中国人口城市化的理论阐释与政策选择：农民工市民化 [J]. 江西社会科学，2009（12）：142－148.

民的迁移意愿是造成这种倾向的原因之一，由于不同规模的城市对农业转移人口在就业机会、公共服务、收入水平、基础设施等方面的巨大差异，导致农民工产生大城市偏爱倾向①。吴琦、肖皓、赖明勇（2015）基于可计算一般均衡模型对农民工市民化分阶段模拟，并运用实际数据和拟合数据评估其动态经济效应。研究发现，城市非熟练劳动力和农民工"替代效应"会引致劳动力市场供给结构变化，进而改善劳动力供给质量，并进一步促进城市非熟练劳动力向熟练劳动力转型升级，最终实现城市就业市场整体结构的优化②。郭力（2015）探讨了大城市过度膨胀的原因：一方面源于城市初期聚集效应的自我增强与城市化成本的市场传导机制失灵，另一方面源于"半市民"体制下迁移选择机制的扭曲及财税、金融等政策的失误。他建议重点推进中小城市市民化③。叶俊焘、钱文荣（2016）利用1205名不同规模城市农民工的调查数据，实证分析了大中小城市农民工市民化意愿和形成机理，得出大中小城市间协调配合与发展是实现农民工市民化的合作机理，是当前新型城

---

① 魏后凯. 中国城镇化进程中两极化倾向与规模格局重构 [J]. 中国工业经济，2014（3）：18－30.

② 吴琦，肖皓，赖明勇. 农民工市民化的红利效应与中国经济增长的可持续性——基于动态 CGE 的模拟分析 [J]. 财经研究，2015（4）：18－30.

③ 郭力. 劳动力流动、产业转移与城市化体系调整——基于新经济地理模型的分析及对策建议 [J]. 现代城市研究，2015（12）：42－47.

镇化发展的最佳路径①。周少来（2016）指出，由于现有户籍制度、教育医疗体系和各种社会保障制度成为农民工市民化的制度性壁垒，未来城市化进程必然涉及农民工市民化在经济、政治、社会和文化的"一体化"融入制度改革和政策调整，也必然要求城市治理体系的深化改革与重新建构②。

1.2.3 文献述评

农民工市民化的本质是农业剩余劳动力向非农产业转移并寻求空间上的永久性迁移，是一国在经济发展与产业结构转变过程中必然发生的现象，具有一定程度的一般性，所以国外农业剩余劳动力迁移方面的研究成果对解释我国农民工市民化现象与解决在过程中出现的相关问题具有一定的借鉴意义。从传统的人口迁移"推拉理论"到乡城人口流动的二元经济模型，再到新劳动力迁移理论、人口迁移与城市化关系理论等，对农业劳动力迁移的动力机制、影响因素、迁移效应等做了详尽的阐述，也形成了较为成熟的理论体系，这都为本书的研究提供了可借鉴的思路和方

---

① 叶俊焘，钱文荣. 不同规模城市农民工市民化意愿及新型城镇化的路径选择 [J]. 浙江社会科学，2016（5）：64-74.

② 周少来. "农民工市民化"与城市治理体系的重构 [J]. 中国特色社会主义研究，2016（2）：62-67.

法。但是，农民工市民化毕竟是具有中国特色的一个课题，而国外经典的劳动力迁移理论产生与发展的社会背景与我国当前情况不同，所以在应用于实践时又具有很大的局限性，不能生搬硬套。

国内对农民工市民化的研究可谓汗牛充栋，包括在理论和经验两个方面的探索。从研究内容来看，主要集中在对农民工市民化一些基本问题的探讨，如内涵、现状、进程、成本与城市化关系等方面。从研究结论来看，学者们普遍认同农民工市民化进程的复杂化和长期性，认为农民工市民化需要完成包括地域、职业、身份、权利、生活方式和价值观念等的多重转换，这为本书准确理解市民化内涵提供了理论借鉴。当前，农民工市民化进程推进难，面临诸多障碍，学者从经济、社会、制度等方面对市民化进程的制约因素做了大量理论研究与经验实证，认为长期二元制度壁垒是造成农民工市民化难以推进的主要障碍。必须认识到，现有研究更为侧重对影响农民工市民化外在客观因素的探讨，忽视了农民工市民化进程中的决定性因素——农民工市民化能力，而能力的提升是解决当前新型城镇化进程中农民工市民化难题的关键。在针对农民工群体自身情况的研究中，现有成果较多地集中在市民化意愿方面，而对市民化能力的研究还不够全面和深入。具体看，缺乏对能力构成维度的准确划分，在影响市民化能力因素的选取中对人力资本领域与社会资本领域的兼顾与结合不够，缺乏各因素对市民化能力的联合作用机理研究。现有的相关实证研究缺乏全面性，理论体系的综合性与政策的系统性都存在不足。因此，多视角、全面深入地研究农民工市民化能力问题具有重要的理论和现实意义。

1.3

研究思路与结构安排

1.3.1 研究思路

首先，整理并研究国内外相关文献，借鉴农业转移人口市民化研究现有成果，构建新型城镇化进程中农民工市民化能力问题研究的理论基础；其次，回顾中国劳动力乡城迁移历史演进趋势，发现当前农民工市民化进程难以推进的主要制约因素是农民工市民化能力贫困；再次，基于阿马蒂亚·森的"能力贫困"理论和中国劳动力乡城迁移论，构建农民工市民化能力综合指标体系，使用中山大学2014年CLDS数据测度了农民工市民化能力水平；然后采用成本模型测算2010～2016年农民工市民化年均总成本。以上述研究为基础，从理论层面上阐释了人力资本、社会资本和权利要素对农民工市民化能力形成的作用机理，并运用有序Probit模型对影响农民工市民化能力的

因素进行了计量检验；最后提出促进农民工市民化能力提升的
对策建议（见图1-2）。

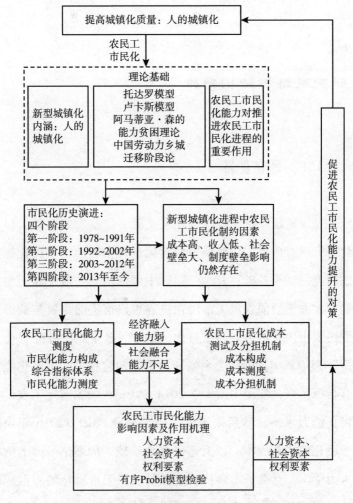

图1-2　本书研究思路

1.3.2 结构安排

除绪论外，本书的正文由四个部分构成：

第一部分为理论基础（第 2 章）。首先，厘清城镇化与城市化的概念，分析传统城镇化发展中面临的突出问题，明确新型城镇化的内涵是"人的城镇化"；其次，结合托达罗模型和卢卡斯模型阐释了农业转移人口市民化的影响因素；最后，根据阿马蒂亚·森的能力贫困理论和中国劳动力乡城迁移阶段论提出农民工市民化能力对推进农民工市民化进程的重要影响。

第二部分为中国劳动力乡城迁移的历史演进及农民工市民化制约因素（第 3 章）。在本部分追溯了中国农业剩余劳动力向城市转移寻求非农就业的历程，并根据国家对劳动力乡城迁移的认识、态度转变及相应的政策制度调整情况将这一进程划分为四个阶段。通过分析各个阶段农民工在城市工作、生活境遇的变化情况，寻找影响农民工市民化进程的主要因素。

第三部分为农民工市民化能力测度及影响因素分析（第 4 章、第 5 章）。

第 4 章为农民工市民化能力构成及测度。首先，指出农民工市民化能力构成要素及其特征表现；其次，使用主成分分析法，从经济融入能力和社会融合能力两个方面构建了市民化能力综合指标体系，得出农民工经济融入能力弱、社会融合能力不足的结论；然后，借助成本模型测度了 2010～2016 年我国农民工市民化年均总成本、公共成本和私人成本，并利用博弈矩阵分析，构建了市民化成本分担思路，提出提升农民工市民化能力是解决农民工市民化滞后的关键。

第 5 章为农民工市民化能力的影响因素及计量检验。首先，阐述了人力资本、社会资本和权利要素对农民工市民化能力形成的影响及作用机理；其次，采用 Stata13.0 软件并运用有序 Oprobit 模型实证分析了人力资本、社会资本、权利要素和相关其他变量对农民工市民化能力的影响，得出受教育程度、参加培训、工作经验、职业技能、社会熟悉、政治参与、参加社保对市民化能力有显著影响的结论。

第四部分为提升农民工市民化能力的对策建议（第 6 章）。此部分在上述理论分析、经验实证基础上，提出农民工市民化能力提升的对策建议。第一，基于人力资本视角，提出以教育和培训为主要途径提升农民工人力资本水平；第二，基于社会资本的视角，提出以构建"弱关系型"和"契约型"社会网络和"组织型"社会关系为基础培育农民工社会资本；第三，基于权利要素的视角，提出以户籍制度重构和社会保障权利回归为核心赋予农民工政治权利。

1.4

主要研究方法

本书定位于应用理论研究。为此，本书在经验研究部分恪守实证主义方法论，而在最后的政策寓意阐述部分坚持实证与规范主义相结合。

（1）经验归纳与逻辑演绎相结合

理论得自于我们对现实世界的经验观察，并通过严密的逻辑得出对经验事实的合理解释，进而才能对相同情境下的未来变化进行预测。本书研究农民工市民化能力提升问题，首先通过经验归纳得出农民工市民化能力影响机制的假说，然后通过逻辑演绎对其进行论证。

（2）数理与计量经济学方法

在本书的理论实证部分，通过相关数学证明与模型推导等方法，结合文献研究法，构建农民工市民化能力影响因素的理论框架，为经验研究提供理论基础。在本书的经验实证部分，选取理论框架中的重要构成因素作为变量构建计量模型检验假设。

（3）多学科交叉思维方法

如何推动农民工市民化进程是一项长期的、复杂的社会课题。本书以经济学思维为核心，吸收了管理学、社会学、统计学等相关学科的思维方法和相关理论观点。在经济学方面，以马克思主义政治经济学为指导，运用发展经济学、制度经济学、劳动经济学、空间经济学等理论与方法研究中国城镇化进程中农民工市民化能力提升问题。

1.5

本书的创新与不足

1.5.1 本书的主要创新点

（1）研究视角创新

虽然关于农民工市民化问题的研究理论较丰富，但是研究较偏重对市民化进程影响的外部因素的探讨，而对市民化能力这一内在因素的研究较少。本书提出提升农民工市民化能力是推进市民化进程的关键，为破解农民工市民化滞后难题提供了一个新的研究视角。

（2）构建了农民工市民化能力和成本测度指标体系

本书在已有研究基础上，创新地从经济融入能力和社会融合能力两个方面构建了市民化能力指标体系，并采用中山大学

2014 年 CLDS 数据，利用主成分分析法和百分位数法测算了农民工市民化能力水平。在此基础上，构建了农民工市民化成本综合指标体系，并利用成本模型首次测算了 2010～2016 年度市民化年人均总成本、私人成本和外部成本。

（3）使用有序 Probit 模型对农民工市民化能力的影响因素进行计量检验

在已有研究基础上，创新地把城市就业能力引入指标体系中，用受教育程度、获取信息渠道、获取工作时间和维持工作时间来进行衡量。在社会资本构成上创新地引入工作满意度、生活幸福感、社会公平、社会等级等指标进行衡量。本书研究进一步拓宽了农民工市民化能力的研究范围和研究深度，创新地使用 Opredict 分别计算农民工个体达到每一个市民化能力等级的预测概率，一定程度上验证了本书研究的结论的有效性。

1.5.2 本书的不足之处

受样本调查数据的限制，本书的农民工市民化能力综合指标体系构建尚未达到完美，农地退出补偿方面的指标没有进入市民化能力测度中，这主要是受到样本数据范围的限制。另外，由于住房成本在农民工市民化私人成本中占比较高，本书试图采用住房类型来代表住房成本进入能力测度指标体系中，但效果很有限，稍显欠缺。

在定量分析人力资本、社会资本和权利要素对农民工市民化的影响程度时，本书引入了虚拟区域变量，但是回归结果不显著，这与研究初衷有些不一致，可能是受限于样本数据的分布或按东、中、西划分方法存在局限，这也有待于本书研究的进一步完善。

由于本人学识和精力有限，在对农民工市民化成本分担机制的博弈分析中，只建立了两两博弈模型，虽然在一定程度上能够解释中央政府、地方政府和企业、农民工个人对市民化成本的分担机理，但是缺乏不完全信息动态博弈分析，这也是未来研究中需要完善的部分。

第2章

新型城镇化进程中市民化
能力研究的理论基础

中国已经进入全面建成小康社会的决定性阶段，正处于经济转型升级、城镇化深入发展的关键时期。传统的粗放型城镇化模式势必会带来产业升级缓慢、资源环境恶化、社会矛盾增多等风险，因此必须推进以"人的城镇化"为核心的新型城镇化建设。有序推进农民工市民化是新型城镇化的内在要求，而农民工市民化能力贫困是当前制约市民化进程的主要障碍。本章厘清了城镇化与城市化的概念，指出传统城镇化发展面临的问题，明确了新型城镇化的内涵。根据托达罗模型和卢卡斯模型分解出影响农民工市民化及城镇化的因素，并基于阿马蒂亚·森的能力贫困理论和中国劳动力迁移阶段论探讨了农民工的能力提升对农民工市民化进程的重要影响。本章为后续的农民工市民化能力的测度和影响因素研究工作奠定了理论基础。

2. 1

新型城镇化的内涵

2.1.1 城镇化与城市化的不同

"城市化"和"城镇化"是对英文单词 Urbanization 的不同译法，Urban 在英语释义中既包括城市 city，也包括城镇 town，二者在内涵上并没有本质的区别。从国外相关研究来看，更多使用城市化一词。以库兹涅茨为代表的学者们以人口迁移为视角（从乡村向城市集中）定义城市化，这是一种粗略的浅层次的定义，并没有揭示出人口分布结构变化所引起的经济结构变动的本质。以克拉克为代表的学者们把城市化定义为人口由第一产业向第二、第三产业转移的过程，将人口的乡城迁移与产业就业结构的转换相结合。当然，广义的城市化还包括人口乡城迁移所带来的一些伴生现象，如城市生活方式和生产方式的普及，城市文明向乡村文明的渗透等。

城镇化是一个具有中国特色的概念，其内涵发源于城市化，又区别于城市化。传统西方国家虽然资本积累的经济基础雄厚，但国土资源稀缺，他们的城市化发展更多是以人口向大城市转移、非农产业向大城市集聚为核心的城市化模式，小城镇发展直到城市化后期才凸显端倪。从中国的城市化发展轨迹来看，20世纪80年代初期正是城市化发展发轫之时，百业待兴的国情现状难以推进大城市发展战略，因此出现了偏重小城镇发展的中国特色城市化模式，特别是乡镇企业的崛起使得将一部分农村剩余劳动力转移到小城镇具有了较强的可行性。因此，中国的城镇化之于城市化的不同，更加突出中小城市与小城镇的地位。由于受城乡长期二元结构的影响，城镇化是由大中小城市、城镇和社会主义新农村三维结构的同时推进产生的。2000年在《关于制定国民经济和社会发展第十个五年计划的建议》中正式采用了"城镇化"一词。从关于城镇化的相关研究来看，研究视角较为广泛，包括经济学、人口学、地理学、社会学和人类学等多个学科。不同学科对城镇化的内涵阐释略有不同（见表2-1）。本书认为，现代意义上的城镇化是指伴随着工业化发展，非农产业不断向城镇集聚、农村人口不断向城镇集中，与此同时实现生产方式和生活方式由低级向高级转变。城镇化是人类社会发展的客观规律，是一国实现国家现代化的重要标志①。

---

① 中华人民共和国国家发展和改革委员会发展规划司. 国家新型城镇化规划（2014~2020年）［R/OL］. http：//ghs. ndrc. gov. cn/zttp/xxczhjs/ghzc/201605/t20160505_800839. html.

表 2 – 1   关于城镇化概念不同学科的界定

学科分类	特征表现	动力	影响
人口学	农村人口转变为城镇人口	人口机械式迁移	城镇人口增加，城镇规模扩张
地理学	农村地区转变为城镇地区	生产力布局空间结果转换	城乡二元结构淡化
社会学	生产生活方式由乡村→城市	社会结构变化	形成市民社会
经济学	城镇经济快速发展，非农产业比重增加	产业结构升级，第二、第三产业向城镇集中	生产要素的集聚
人类学	散居文明变为聚落文明	生产关系的变革	村落社会变为城镇社会

资料来源：胡际权.中国新型城镇化发展研究［D］.博士学位论文，西南大学，2005：26.

2.1.2 传统城镇化发展中面临的主要问题

1978～2017 年间，中国在城市空间方面迅速扩大，但空间城市化并没有相应地带来人口城市化。传统城镇化主要存在三个方面的问题：

第一，常住人口城镇化率与户籍人口城镇化率存在巨大反差。城镇化率是衡量一个国家或地区经济发展水平、社会组织程度和管理水平的重要指标。根据国家统计局的计算方法，城镇化率＝城镇人口/总人口。由于长期实行城乡二元户籍制度，中国对城镇化率的测算有两种方法：一种是户籍人口城镇化率，即按照户籍的性质划分为农业户口和非农业户口，据此计算户籍人口城镇化率，（户籍人口城镇化率＝非农业户口人数/总人口）；另一种是常住人口城镇化率，即按照居住时间长短，凡是在本地居住时间满 6 个月以上，均统计为常住人口，据此计算常住人口城镇化率，（常住人口城镇化率＝城镇常住人口/总人口）。自 2000 年以来中国所统计的城镇人口中包含大量农业户籍的农民工人口（2017 年农民工人口 2.87 亿），由于该群体尚未与城镇居民享有同等的社会福利，因此城镇化进程中半城镇化现象严重。从图 2-1 中看到，1978～2017 年，随着城镇化逐年推进，常住人口城镇化率与户籍人口城镇化率差距增大，到 2017 年二者相差为 16.17 个百分点。如果仅按常住人口测算城镇化率明显高估了中国城镇化发展水平。

　　第二，人口城镇化严重滞后于土地城镇化。从城镇化内容上看，主要包括两个方面：一是人口城镇化，二是土地城镇化。传统的城镇化发展是粗放型的，是以土地要素投入为主，以农民利益的相对剥夺和严重的环境污染为代价的[①]。很

---

① 袁方成，康红军. 新型城镇化进程中的"人—地"失衡及其突破［N/OL］. http://theory.people.com.cn/n1/2016/0801/c217905-28601100.html, 2016.08.01.

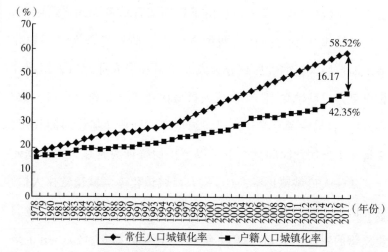

图 2 - 1　1978～2017 年中国常住人口城镇化率与户籍人口城镇化率的差距

　　资料来源：中国人口与就业统计年鉴 2009；2010～2017 年国民经济和社会发展统计公报。

　　多地方政府盲目追求造城运动，把城镇化建设等同于城市建设，为了增加财政收入和提高经济增长速度，过度将农业用地转变为工业用地，通过扩大城市用地规模来扩张城镇化版图，结果，大量的征地被投入到企业逐利的"圈地运动"和政绩驱动的"造城运动"中。盲目追求城镇化速度的结果造成了过度重视城市建成区域的建设，而忽视对人口集聚和集聚后的社会保障的全覆盖，造成土地的城镇化快于人口的城镇化建设。

　　本书用城镇建成区面积增长率来衡量土地城镇化速度，用常住人口城镇化增长率来衡量人口城镇化速度（见图 2 - 2），

2000～2016 年全国城镇建成区面积扩张了 1.42 倍，除 2008 年
（受金融危机影响），城镇建成区面积增长率远高于城镇人口的
增长速度。人口城镇增长率总体呈下降趋势，2009 年和 2010
年虽有所反弹，但 2011 年又开始急剧下降，2012 年之后在
3% 左右，增长幅度较为稳定。从土地城镇化来看，城市建成
区面积的增长率波动较大，2011 年达到了最高点 8.85%，高
于 2011 年人口城镇化增速 5.71 个百分点，之后二者差距基本
保持在 1.5 个百分点的差距。这说明，我国人口城镇化增速滞
后于土地城镇化增速（城市建成区面积增速）。

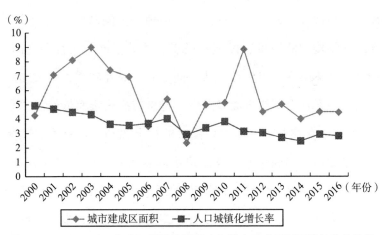

图 2 - 2　2000～2016 年人口城镇化增长率与城市建成区面积增长率的比较

资料来源：中国统计年鉴（2001～2017 年），经整理获得。

第三，城乡二元经济转型不彻底，城市新二元结构弊病凸显。二元经济结构是发展中国家在经济发展过程中所显现出的一种特殊结构形态。在中国快速的工业化和城镇化发展过程中，以户籍制度为核心的传统城乡二元结构并没有随着城镇化推进而完全消除，反而由于农民身份转换滞后于就业转换，导致城乡二元结构进一步向城市延伸和变异，形成城市新二元结构问题。所谓城市新二元结构是指在农业劳动力非永久性迁移过程中，由于户籍制度变迁滞后于城镇化速度，城市中大量农民工不能与城市户籍居民享有同样的公共服务，形成了收入差距不断扩大、社会分化日益严重的两个阶层，即城市居民和农民工。与传统二元结构的空间上、地理上的隔离所不同，城市新二元结构中的城市市民与农民工虽共处于同一个社会空间，却难以真正融入城市生存。从空间上看，农业转移人口成为城市人，但在社会结构方面显然由于身份转换困难而依然是"外来人口"，存在城市户籍人口偏向的社会福利分配制度显然阻碍了二元结构彻底转型，虽然户籍制度改革不断推出居住证、积分落户等制度，但是不同城市对落户积分的要求差异显著，且偏好高学历、高技能、有投资与多纳税的人群，农民工群体大部分被摒弃在城市大门之外。这种新二元结构如果任其演化和固化，不仅带来严重的经济问题（城市社会阶层收入差距过大），而且会造成社会割裂，加重阶层对立与冲突，破坏社会和谐和稳定，从而增大城镇化风险，降低城镇化质量。

2.1.3　新型城镇化内涵的核心是"人的城镇化"

根据诺瑟姆的城市化三阶段理论，当一国城市化水平达到
30% ~70% 时，该国就具有了城市工业较雄厚，经济实力明显
增强，农业劳动生产率大幅度提高，大批农业人口转为城市人
口的特征，此时期的城市化水平可以在较短的时间内迅速突破
50%，而后上升到 70%。从 2010 年开始，中国常住人口城镇
化率已经达到 50%，到 2017 年增加到 58.52%，城镇化率的
增速逐渐趋缓。国际上城镇化率首次超过 50% 的八个典型国
家：英国（1850 年）、德国（1892 年）、法国（1931 年）、美
国（1918 年）、墨西哥（1959 年）、巴西（1965 年）、日本
（1968 年）、韩国（1977 年），如图 2 - 3 所示，高速城镇化发
展的同时无一例外地都遭遇到严峻的大城市病问题，即人口膨
胀、空间高度拥挤、居住环境恶化、资源环境过度消耗等，但
通过制定提升城镇化质量的公共政策和建立科学的城镇化发展
规划，大城市病的治理取得了明显的效果。

中国的城镇化发展过程不同于西方发达国家，它是大国城
镇化、候鸟式城镇化和政府主导的城镇化。城镇化带来了城市
空间的扩大，但却并没有相应地产生人口城镇化。结合世界银

行（2011）的研究发现，中国的城镇化仍处于世界第三梯队（见图2-4），虽然按照2017年的58.52%的城镇化率应该进入第二梯队，但是由于常住人口统计的城镇化率中尚有2.8亿农民工并没有完成市民化转换，户籍人口城镇化率仅为42.35%，因此进入第二梯队尚需解决好城市中庞大的农民工群体的市民化身份转换问题。

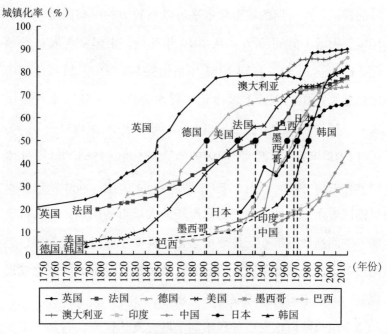

图2-3 世界典型国家的城镇化历程

资料来源：李浩. 城镇化率首次超过50%的国际现象观察——兼论中国城镇化发展现状及思考［J］. 城市规划学刊, 2013（1）: 44.

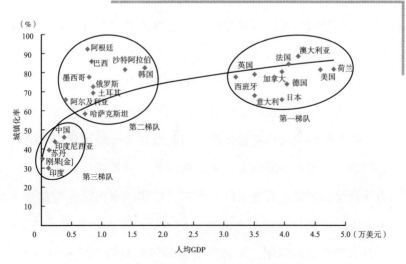

图 2 – 4　2011 年世界各国城镇化发展梯队图

注：世界各国城镇率与经济发展水平呈现出不同梯队的动态变化规律。处于第一梯队国家，城镇化发展进入成熟期，城镇化率和人均收入水平较高且相对稳定；处于第二梯队国家，城镇化率与人均收入水平同时提高，但人均收入水平提升不显著；处于第三梯队国家，城镇化率和经济发展水平的变化都较为缓慢。

资料来源：李浩．"24 国集团"与"三个梯队"——关于中国城镇化国际比较研究的思考［J］．城市规划，2013（1）：20.

　　新型城镇化概念的提出是适应城镇化发展新时代要求的。在党的十八大报告中第一次提出中国特色新型城镇化道路，即工业化、信息化、城镇化和农业现代化同步协调推进。之后《国家新型城镇化规划（2014 ~ 2020 年）》中明确提出新型城镇化概念，即以城乡统筹、城乡一体、产业互动、节约集约、生态宜居、和谐发展为基本特征的城镇化，是大中小城市、小城镇、新型农村社区协调发展、互促共进的城镇化。新型城镇化内涵理解应把握以下几个方面内容。

（1）新型城镇化是以"人的城镇化"为核心

与传统城镇化相比较而言，新型城镇化是一种内涵式城镇化，重点把解决人口城镇化滞后问题放在未来城镇化发展的核心位置。通过提高城镇人口素质和居民生活质量，把促进有能力在城镇稳定就业和生活的农民工有序实现市民化作为首要任务。人口城镇化包括两个方面的内容：一是人口数量城镇化；二是人口质量城镇化。人口数量的城镇化仅仅是规模城镇化，是一种外延式城镇化；而人口质量的城镇化才是新型城镇化的内在要求。新型城镇化不仅仅是靠户籍制度的放开来把长期在城镇务工经商的农民工及其家属逐步转变为城镇居民，而是通过公共服务均等化赋予农民工与城市市民同等的公平权利，即生存公平、产权公平和发展公平，并在此基础上提升农民工参与市场竞争的能力。在社会主义市场经济体制下，市场在资源配置中起决定性作用。人的能力的提升无疑会增大劳动力的职业搜寻能力和增强就业的稳定性。以人为本是新型城镇化的实质，也是城镇化科学发展的根本保证，要坚持城市建设和城镇化同步推进，不断提高城镇基础设施和公共服务水平，使城乡居民平等参与城镇化进程，共同分享城镇化发展成果。

（2）新型城镇化是统筹城乡关系、破解二元结构的重大战

略举措

新型城镇化不是要消灭农村，而是通过农民向城镇的集中，使得城乡得到均衡协调发展。破解城乡二元结构的关键是坚持工业反哺农业，城市支持农村和多予少取放活的方针，推进城乡基本公共服务均等化，从根本上消除对农民工的制度歧视。破解城市二元结构，必须要打破城乡身份的界限，建立居民平等的体制机制，把实现和保障农民工平等就业权、受教育权、健康权、居住权和社会保障权作为公共服务均等化目标，把实现和保障农民工对城市公共服务的选举权、知情权、参与权、表达权和监督权作为社会权利均等化目标。

（3）新型城镇化是经济转型升级和社会和谐进步的内在统一

古希腊哲人亚里士多德说："人们为了活着而聚集到城市，为了生活得更美好而居留于城市。"① 当前，中国正处于转变发展方式、优化经济结构和经济增长动力转变的攻坚期。从需求侧结构改革来看，传统靠投资、出口拉动的经济增长逐渐转向靠消费扩张的经济增长；从供给侧结构改革来看，由传统工业制造业增长转向服务业拉动经济增长；从全要素生产率角度来看，传统通过行业间生产要素再配置来拉动经济增长的方式已

---

① 新华网．http://news.sznews.com/content/2016 – 09/12/content_13848734_2.html, 2016.09.12.

不可持续（从改革开放以来，通过把大量原来配置在低效率的农业部门的生产要素重新配置到高效率非农业部门），转型升级就是要把行业间生产要素再配置转向行业内部的再配置，从而提高行业集中度、竞争力、盈利能力和创新能力，进而提升全要素生产率。新型城镇化是经济转型升级和社会和谐进步的内在统一，人类的经济发展是一个多重指标，必须关注社会和谐进步与经济发展的内在一致性，防止出现社会矛盾的激化，必须着手解决公共服务均等化问题。

2.2

农业转移人口市民化影响因素的理论阐释

根据城镇化的定义，人口从农村向城市的迁移是城镇化最直接表现。基于宏观经济框架的乡城人口迁移是早期适用于发展中国家的城镇化的理论研究，主要的理论逻辑是工业资本积累→农业转移人口市民化（从农业向制造业，再从制造业向服务业）→城镇化。具有代表性的理论有刘易斯的二元经济理论（1954）、费景汉和拉尼斯模型（1961）、库兹涅茨经济增长理论（1964，1971）、托达罗模型（1961）等。考虑到发展中国家普遍存在农业转移人口市民化和城市失业并存现象，传统的刘—费—拉模型、库兹涅茨理论在充分就业的前提下，只分析了农村劳动力迁移对工业化和经济增长的影响，证明了城乡劳动生产率差异是农业转移人口市民化的动因，但是并没有建立起关于劳动力迁移机制的具体理论框架。本书基于托达罗扩展模型和卢卡斯的人力资本模型来对农业转移人口市民化对城镇化影响进行了必要的理论阐释。

2.2.1　托达罗模型：农业转移人口市民化影响因素分解

托达罗模型的一个显著的优点是能够对农业转移人口市民化和城市失业率并存的矛盾现象做出解释。在传统二元经济模型中，一般假设工业部门完全就业，因此，把决定乡城人口迁移的动因都归结为城乡实际收入的差距。而实际中，劳动力进城后，能否找到工作具有不确定性，理性的劳动者通常会用实际收入乘以就业概率所得到的预期收入作为自己在城市中获得收入的评价尺度[1]。

托达罗（1969）假设农业转移人口规模是城乡预期收入差距的函数，则二者的关系可以表示为式（2-1）：

---

[1]　在 20 世纪 60 年代末、70 年代初，随着经济发展，许多发展中国家出现了严重的城市失业现象，传统人口流动模型所预期的人口流动带动经济发展的理论难以对此现象给予解释，人口流动反而成为经济发展的掣肘。托达罗模型针对这一难题给予了有价值的理论阐释。

$$M(t) = f[d(t)]; \quad f'(\cdot) > 0 \qquad (2-1)$$

这里 $M(t)$ 表示 t 期农业转移人口市民化规模，d 为城乡预期收入差距，$f'(\cdot) > 0$ 是指农业转移人口市民化规模是预期收入差异的增函数。

由于城乡预期收入差距可表示为式（2-2）：

$$d(t) = w(t)\pi(t) - r(t) \qquad (2-2)$$

这里 $w(t)$ 表示城市实际工资率，$r(t)$ 为农村平均实际收入，$\pi(t)$ 为农业转移人口城市就业概率。如果城市不存在失业问题，则农业转移人口城市就业概率为1。那么农业转移人口迁移动机就只取决于城乡实际收入差异。

托达罗认为，城市就业概率取决于两个因素：一个是城市工业部门新增就业机会；另一个是城市失业人数。因此，$\pi(t)$ 可以表示为式（2-3）：

$$\pi(t) = \frac{C(t)N(t)}{S(t) - N(t)} \qquad (2-3)$$

这里 $C(t)$ 表示城市部门工作创造率，$N(t)$ 表示城市部门就业总人数，$S(t)$ 表示城市部门总劳动力规模。

如果城市部门的工作创造率可以表示为：工业产出增长率（$k(t)$）-城市部门劳动生产率增长率（$q(t)$），即式（2-4）：

$$C(t) = k(t) - q(t) \qquad (2-4)$$

以上是基于 t 期的人口流动行为模式，事实上，农业转移人口往往是需要花费较长时间才能在城市现代部门找到工作。这样，人口迁移模式需要建立在具有时间跨度的基础上，需要计算农业转移人口的迁移决策净收益的贴现值。

结合上述式（2-1）~式（2-4），农业转移人口个人的迁移决策的净收益贴现值可表示为式（2-5）：

$$V(0) = \int_{t=0}^{n} \left[p(t)/w'(t) - w(t) \right] e^{-\gamma t} d(t) - c(0)$$

$$(2-5)$$

这里，$V(0)$ 为计划期预期收入差异净贴现值，γ 为贴现率，$c(0)$ 为计划期迁移成本，$p(t)$ 指 t 期前农业转移人口找到工作的累加概率，与 $\pi(t)$ 之间的关系表示为式（2-6）：

$$p(1) = \pi(1)$$

$$p(2) = \pi(1) + [1 - \pi(1)]\pi(2)$$

$$p(t) = p(t-1) + [1 - p(t-1)]\pi(t) \qquad (2-6)$$

其中，$p(1) = \pi(1)$ 表示一个农民工第一时期获得工作的概率等于该时期被城市现代部门雇佣的概率。以后以此类推，$p(t)$ 表示农民工在第 t 期的就业概率。

从托达罗模型来看，农业转移人口市民化是一个渐进的过程，包括两个阶段：第一阶段是农业转移人口进入城市劳动力市场搜寻工作阶段，需花费较长时间；第二阶段是获得稳定工作的阶段。通过模型分析，城市工业经济规模的扩张 $[k(t)]$、

劳动生产率的增长 $[q(t)]$ 和城乡预期收益的差距 $[d(t)]$ 是影响农业转移人口市民化的关键因素，并进一步影响城镇化的水平。在完善的市场经济条件下，托达罗模型认为农业剩余劳动力的迁移主要受城市预期收益的吸引，并根据城乡预期收益比较来自由选择迁移决策。应该说，农业转移人口市民化能力的形成最直接的体现就是能否获得较高的城乡预期收入，能否在城市获得稳定的和可持续工作的机会。因此，托达罗模型为本书后续的市民化能力提升研究提供了有价值的理论基础。

2.2.2　卢卡斯模型：农业转移人口市民化工作技能的积累

随着城镇化快速发展，各国普遍遭遇到不同程度的城市病问题。农业人口乡城迁移与城市失业并存的现象将是城镇化发展进程中的一个常态。农业转移人口能否在城市中较快获得工作并长期维持工作是其能否市民化的关键。卢卡斯（2004）的人力资本内生增长模型做了创见性的研究，他认为农业转移人口进入城市不仅可以获得城市的工作岗位，而且还可以获得工作技能积累的经验，并通过后天的技能学习提升其在城市获得持续稳定工作的能力，这也为农业转移人口市民化能力的形成提供了有价值的理论基础。

假设在一个封闭的竞争性市场中，农业转移人口和城市市民都是理性的经济主体，遵循托达罗模型的两部门分析范式，家庭效用函数可表示为式（2-7）：

$$\int_0^\infty e^{-\rho t} U[c(t)]\mathrm{d}t \qquad (2-7)$$

这里 ρ 为效用贴现因子，进一步假定个人效用函数可表示为式（2-8）：

$$U[C(t)] = \frac{1}{1-\sigma} C(t)^{1-\sigma} \qquad (2-8)$$

式（2-8）中 σ 表示两部门劳动力的相对风险厌恶系数。这里引入一个知识生产部门，假设一个代表性工人的一般技术水平为 $h(t)$，在 $u(t)$ 时间内可以生产出的产品数量为 $h(t)u(t)$。如果假定人力资本积累仅仅取决于其自身家庭行动，演进路径可表示为式（2-9）：

$$\frac{\mathrm{d}h(t)}{\mathrm{d}t} = \delta h(t)[1-u(t)] \qquad (2-9)$$

式（2-9）中 $u(t)$ 表示生产消费品花费的时间，δ 表示当 $u(t)\to0$ 时，$h(t)$ 的最大增长率。据此，每个家庭的最大化家庭决策函数[①]可表示为式（2-10）：

----

① 席旭文. 新型城镇化、福利约束与市民化问题研究［D］. 博士学位论文，吉林大学，2017：27.

$$\int_0^\infty \exp\left[-\int_0^t r(s)\,\mathrm{d}s\right]h(t)u(t)\,\mathrm{d}t \qquad (2-10)$$

在式（2-9）的约束下，式（2-10）的最大化一阶条件可表示为式（2-11）：

$$h(t) = \delta\int_t^\infty \exp\left[-\int_t^\tau r(s)\,\mathrm{d}s\right]h(\tau)u\tau\mathrm{d}\tau \qquad (2-11)$$

结合式（2-9），可以得出式（2-12）：

$$h(\tau) = h(t)\exp\left\{\delta\int_t^\tau[1-u(s)]\,\mathrm{d}s\right\} \qquad (2-12)$$

将式（2-12）代入式（2-11）可以削去 $h(t)$，并同时对 $h(t)$ 求微分可以得到式（2-13）：

$$r(t) = \delta \qquad (2-13)$$

下面对式（2-7）求最大化一阶条件，约束条件为：$\int_0^\infty \exp\left[-\int_0^t r(s)\,\mathrm{d}s\right]c(t)\,\mathrm{d}t\delta \leqslant a$，则：

$$U'[C(t)] = U'[C(0)]\exp\left[\rho t - \int_0^t r(s)\,\mathrm{d}s\right] \qquad (2-14)$$

分别对式（2-14）求微分，并代入式（2-13），结合（2-9）得到式（2-15）：

$$\frac{1}{c(t)}\frac{\mathrm{d}c(t)}{\mathrm{d}t} = \delta[1-u(t)] = \frac{\delta-\rho}{\sigma} \qquad (2-15)$$

综上所述，从卢卡斯模型结果来看，人力资本增长率是伴随着人力资本投资的有效程度 δ 的增加而增加的，并随着贴现率 ρ 的增加而减少。显然，卢卡斯模型更加强调了人口迁移中人力资本对城市经济增长和城镇化发展的重要性。相比托达罗模型来看，卢卡斯模型认识到市民化能力对人口迁移的重要影响，阐明了作为市民化能力形成最重要因素的人力资本是市民化的关键。农业转移人口市民化进程中工作技能 $h(t)$ 的积累程度，直接影响 $h(t)u(t)$ 的大小，并决定着进城劳动力的人力资本水平。因此，卢卡斯的人力资本模型为农业转移人口通过自身人力资本积累→城市就业职业技能→城市部门经济增长率→农业转移人口市民化→城镇化提供了理论依据。

2.3

能力视角下农民工市民化问题研究的理论阐释

自 20 世纪 80 年代初以来，随着工业化和城镇化加速推进，中国数以亿计的农民开始了乡城迁移的伟大征程，截至 2016 年年底农民工总量达到 2.82 亿人[①]。农民工作为中国独特的历史现象，其存在必然有其更深层次的原因。与西方发达国家相比，同样的工业资本积累→农业转移人口市民化→城镇化逻辑却走出了不太相同的演化路径，有学者把中国农业转移人口的

---

① 国家统计局 . 2016 年农民工监测调查报告 ［R/OL］. http：//www. stats. gov. cn/tjsj/zxfb/201704/t20170428_1489334. html，2017. 04. 28.

迁移路径称为"中国路径"①。在新型城镇化战略中虽然可以通过公共服务均等化复归农民工的各项社会福利和公平权利，但是由于长期的二元制度约束及其制度变迁的路径依赖所造成的农民工市民化能力贫困难以在短期内平衡，必须把提升农民工市民化能力作为推进农业转移人口市民化的主要任务。

2.3.1 "能力贫困"理论

阿马蒂亚·森（Amartya Sen）在《以自由看待发展》一书中指出："一个人的可行能力指的是此人有可能实现的、各种可能的功能性活动的组合。"因此可行能力是一种自由，是实现各种可能的功能性活动②组合的实质自由③。阿马蒂亚·森认为，自由是发展中的一种状态，自由空间的拓展就是发展，而发展的主要手段就是自由在发展中的工具性作用。这种工具性自由可以帮助人们提高可行能力，帮助人们更好地生活在文明、民主、平等、充实、富裕的社会中，同时它们也相互补

---

① 与传统发达国家农业转移人口完成农民到市民化的一步走相区别，"中国路径"是指农业转移人口经历了由农民到农民工，再由农民工到市民的二阶段转移路径。

② 用日常术语说，就是实现各种不同的生活方式的自由。

③ 阿马蒂亚·森. 以自由看待发展 [M]. 北京：中国人民大学出版社，2002：31－32.

充、提高。从可行能力的剥夺视角来看待贫困，不只关注收入低下所具有的工具性意义，更加重视人自身所固有的重要性是否被剥夺，如收入不平等、性别歧视、公共设施和医疗保健缺乏、失业与公共资源分配不均、政府公共政策取向等。森的"能力贫困"理论试图以个人能力的重建来消除贫困，把人的全面发展和提升生活质量纳入理论范围之内，构建了以人为本的全新理念①。

结合国际社会对贫困的认知与我国消除贫困的经验，对"能力贫困"的界定应包括如下几个方面：

a. "能力贫困"是综合意义上的概念，并不具体指向个别情况，而是揭示人口综合能力缺失的问题。

b. "自我发展能力"是核心，它包括生产能力、知识获取能力、决策参与能力、资源使用能力等。

c. 从后果的产生原因看，由于地缘及市场配置资源趋利性，而体现出来的缺乏物质和服务的本质是手段、机会及能力的缺失。

就广大农村地区来说，因为外部力量的不当介入或缺失，无法激发内在动力，使农村地区处在一种持续的贫穷状态中。

---

① 王三秀，罗丽娅. 国外能力贫困理念的演进、理论逻辑及现实启示［J］. 长白学刊，2016（5）：122.

而来自于此类贫穷地区的农民工则是典型的能力贫困群体，该群体存在人力资本存量与社会资本存量较低的问题。

第一，由于缺乏对于个人的投资，其人力资本存量低，农民工的知识、技能相对不足。

来自于农村地区的劳动力文化程度较低，平均受教育年限仅 8 年（相当于初中二年级）。其中，文盲与半文盲的比例比全国平均水平高出近 10 个百分点①。而且动态地看，农民工的知识发展水平不容乐观，即该群体获取知识与交流知识的能力较差，具体表现为互联网普及率偏低、使用信息交流工具的能力较低下。

第二，由于社会组织体系缺位、人口素质较低，农民工群体的社会资本存量较低。农村的社会组织水平较低，一般只有血缘关系与邻居居民的组合，均不属于高效的社会组织形式。而且，农村社区住户间人际关系简单、人口素质较低的现实也限制了社会资本层次的提升。

我国的农民工市民化进程发展缓慢，农民工成为城市的边缘人、两栖人。农民工人均收入与城市居民人均收入差距较大，农民工在城市难以获得平等的公共服务。阿马蒂亚·森的"能力贫困"理论揭示出人的全面发展与人的能力分不开，而

---

① 中国统计年鉴（2017 年），数据经整理计算获得.

人的能力包含多元含义，收入能力仅是其中比较重要的一个方面。如果按照内因决定外因的作用机理，农民工自身所具有的市民化能力对于推进农民工市民化进程起决定作用。

2.3.2　能力贫困对中国劳动力乡城迁移的影响

作为人类社会发展进程中的一种重要社会经济现象——乡城人口迁移，与城市化、市民化都是被人们高度重视和广泛研究的重要课题，产生了大量经典的理论阐释。国内外一些学者依据传统经典二元结构模型对中国劳动力乡城迁移做了很多尝试研究，取得了一些有价值的成果。但是，这些经典理论却并不能完美解释中国的农业转移人口市民化问题。国内学者对中国的农业劳动力市民化过程进行了划分，具有代表性的观点有两种：一种是以刘传江、徐建玲为代表的乡城劳动力迁移二阶段论；另一种是以冷向明、赵德兴为代表的乡城劳动力迁移三阶段论。

（1）乡城劳动力迁移二阶段论

乡城劳动力迁移二阶段论，即农业转移人口市民化是由两个阶段论构成，即农民非农化阶段论＋农民工市民化阶段论。从现有的研究看，"农民→农民工→市民"的乡城劳动力迁移路径，已经被学界广泛认同并进行了大量研究（见图 2 - 5）。

应该说，这一解释从宏观视角推进了三个方面的认识：一是世界视阈下的中国劳动力乡城迁移的特殊性；二是户籍制度对农民工市民化路径的根本性影响；三是农民工市民化问题的重大政治经济社会效应①。从图 2 - 5 来看，我国目前从农民到农民工阶段已完全没有限制，农民可以通过就地非农化、异地非农化等方式实现由农民到农民工的过程，完成相应职业转换。应该说，这一阶段对农民工市民化能力要求不高，由于长期粗放型经济增长大量吸纳的是低技能劳动力，对农业转移人口能力要求不高。从农民工到市民阶段来看，主要有两种路径选择：一种是被动市民化，如征地、拆迁、生态移民等方式使农民工直接转化为市民，实现完全市民化；另一种是主动市民化，如求学、投资创业、购房落户、在城市竞争获得稳定工作等方式实现的市民化。由于我国城镇化发展过程中长期土地城镇化快于人口城镇化，造成城镇化质量不高，大城市病现象严重，因此新型城镇化进程中应当加速推动主动市民化，这种方式对市民化能力要求较高，大部分农民工是难以具备的。他们与城市市民相比缺乏就业竞争力，只能进入非正规部门或获得较低工资收入行业，从而形成当前较为严重的半市民化现象，甚至出现农民工回流现象。

---

① 冷向明，赵德兴. 中国农民工市民化的阶段特征与政策转型研究 [J]. 政治学研究，2013（1）：17 - 25.

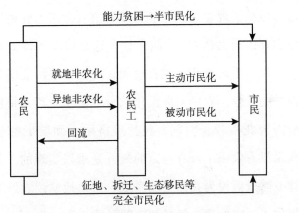

图 2 - 5　中国乡城劳动力迁移两阶段示意图

（2）乡城劳动力迁移三阶段论

冷向明、赵德兴（2013）扩展了乡城劳动力迁移二阶段论，构建了农民→农民工→新市民→市民的三步转移理论（见图 2 - 6）。这一理论的重大进展是把农民工向市民的转变过程划分成两个阶段：第一阶段是农民工向新市民转化阶段，包括了地域、职业和身份市民化的完成。这个阶段主要体现为制度的建构性，其面临的主要障碍是政府的相关制度和政策。最具代表性的是以户籍制度为约束的流动人口管理制度及其附带的相关的社会福利制度对流动人口的限制与排斥，对流动人口的社会融合有着根本性的影响①；第二阶段是新市民向市民的转

---

① 任远，邬民乐．城市流动人口的社会融合：文献述评［J］．人口研究，2006（3）：87．

化阶段，包括了观念、意识形态等价值观念市民化的完成。这个阶段主要体现为惯习①的演化性，这是取决于价值观念本身的属性，是一个需要花费较长时间，并需以生活实践为载体而逐步演进的过程。农民工市民化被分成三个阶段，特别是后两个阶段需要花费较长时间，包括经济融入和城市融合两个方面，如果没有农民工自身能力的提升是难以实现的。劳动力乡城迁移三阶段假说为我们更加系统、全面地解读农民工市民化问题提供了一定的理论解释和政策引导。

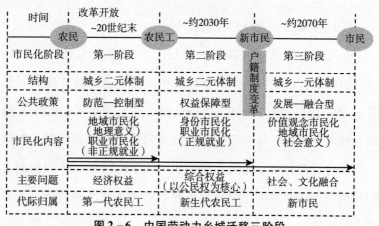

图2-6　中国劳动力乡城迁移三阶段

资料来源：冷向明，赵德兴. 中国农民工市民化的阶段特性与政策转型研究[J]. 政治学研究，2013（1）：21.

---

①　这里的"惯习"主要是指，在长期农业生产中农民所形成的习惯性意识、态度和看法，这不仅是出于感性经验，还来自于传统积淀。这种惯习明显区别于城市市民的现代商业意识、生活节奏和生活方式等。

以上两种理论都说明农民工市民化问题是一项集经济、社会、政治和文化于一身的复杂的系统工程。农民工市民化进程的推进应该是内外因综合作用的结果，作为外因的户籍制度及其衍生的相关福利制度随着新型城镇化进程将逐渐消减，但是作为内因的农民工自身的市民化能力需要一个长期不断积累的过程，必须给予足够的重视，从而避免在推动城镇化进程中出现大范围的城市贫困。

2.3.3　市民化能力提升对推进农民工市民化进程的重要作用

当前，中国经济增长持续趋缓，人口红利和全球化红利衰退，城镇化成为经济持续增长的强大引擎。与世界发达经济体相比，中国的城镇化率还有巨大的红利释放空间，可以通过人口城镇化质量提升缩小常住人口城镇化率与户籍人口城镇化率的差距，进而提升中国的完全城镇化率。从经济增长的三辆马车来看，扩大内需是中国经济发展的根本动力，而由于"半市民化"进而形成的"半城镇化"并没有有效刺激内需扩张。党的十八大以来，尽管有不断推进扩大内需的政策导向，但是从2013～2017 年的数据显示，经济结构中消费的贡献率仅由

54.9%提高到58.8%[①]，增长较为缓慢。加速推进农民工市民化进程是继续释放城镇化红利，扩大内需的关键。通过农民工转变为真正的城市市民，一方面得以扩大城镇消费群体，推进消费结构升级、消费潜力释放；另一方面，农民工市民化带来城市基础设施、公共服务设施和住宅建设等巨大投资需求，为经济发展提供了强大动力。但是，由于农民工市民化能力不足，市民化进程推进依然缓慢。按照近5年（2013～2017年）的数据显示，中国只有8000多万农业转移人口成为城市居民，平均每年完成市民化人口大约1600万[②]，这其中征地、拆迁、生态移民或村改居等被动市民化占比较大，而农民工主动市民化动力明显不足。

（1）农民工市民化能力提升促进农民工由被动市民化向主动市民化转变

在中国农民工市民化进程中，主要包括两种路径选择：一种是被动市民化，即农民工自身并没有强烈的市民化意愿，而是由于外部的因素推动转变为市民身份。在中国城镇化发展中，被动市民化主要是由政府主导推进，并大多伴随着土地城镇化进行，如经济开发区建设、新城区建设、城市扩展建设

---

①② 李克强.2018年政府工作报告［R/OL］.http：//www.gov.cn/zhuanti/2018lh/2018zfgzbg/zfgzbg.html.

等，新增的大量建设用地都是通过向农村土地扩张而实现的。另一种是主动市民化，即农民工自主选择进入城市寻求稳定的工作、投资进城创业、购房入户、考大学等。显然，在新型城镇化战略背景下，如何能够在城市获得稳定工作，是广大农民工主动市民化的前提，而市民化能力的提升有助于农民工降低职业搜寻的交易成本和提升获取持续工作的能力，是实现人口主动城镇化的关键。

（2）农民工市民化能力提升促进农民工市民化由量到质的转变

现代经济发展的结构变迁是以技术创新、产业升级和人口城镇化为主要特征的。在经济发展早期，劳动力相对富裕，工资相对较低，采用的技术和发展的产业类型是劳动密集型的，这就给农业富余劳动力提供了广阔的就业空间。城市工业部门只需为其支付略高于农业的生存工资就可以雇佣到大量农业剩余劳动力，农民工逐渐成为城市工业生产的主力军。当前，中国经济进入经济发展的攻坚克难阶段，产业结构的转型升级提高了对农民工市民化能力的供给要求，如职业技能、职业素养、职业心理等。市场经济的地位由在资源配置中起基础作用转变为决定性的作用。这一变化说明生产要素的流动必然遵循市场价格的引导，由低生产率部门向高生产率部门流动，而劳动力这种生产要素也必然会遵循这一原则。只有具备较高市民化能力的农民工才能提高自身的就业等级,改变传统以建筑业、制造业为主的低薪、高强度、脏苦累的职业地位(见图2-7)。传统农民工就业岗位大多技术含量较低、可替代程度较高,因此流动性比较大,农民工难以获得城市融入的高收入,非永久性迁移成为中国劳动力乡城迁移的最显著特征。当前,农民工群体已经发生了分化,新生代农民工已经成为产业主力军(占比已经过半),见图2-8。从新生代农民工所从事的城市就业分布来看,从事制造业占比达40%,相比老一代农民工而言,由于受教育程度的提升,新生代农民工就业等级有所提升,但是与城市市民相比还有很大差距。因此,农民工市民化能力提升问题是关系到农民工市民化由量到质转变的关键。

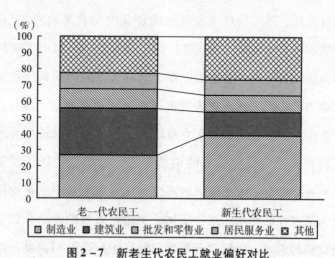

图2-7 新老生代农民工就业偏好对比

资料来源:国家统计局,2016年农民工监测调查报告。

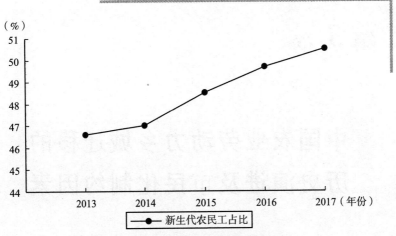

图 2-8　新生代农民工占总体农民工比例

资料来源：国家统计局，2013~2017 年农民工监测调查报告。

第3章

中国农业劳动力乡城迁移的历史演进及市民化制约因素

目前中央政府推动农业转移人口市民化和户籍制度改革的力度不断加大。此举措的根本目的在于改变农民工离土不离乡，工作在城市而家庭在农村的非永久性转移的状态。在城市务工的农民工季节性的、节假日期间的大规模迁徙行为则是非永久性转移最明显的体现形式。

2014年发布的《国务院关于进一步推进户籍制度改革的意见》提出到2020年实现1亿农民工和其他无户籍常住人口在城市落户的明确目标。就现阶段情况来看，农民工在市民化历程中仍面临着制度约束、政策限制、城市成本等壁垒亟待破除。

3. 1

中国农业劳动力乡城迁移的历史演进

改革开放以来，经济增长迅猛、产业结构快速转变，农业劳动生产率迅速提高的同时农业劳动冗余问题出现，而城市工业与服务业的发展亟须劳动力，来自于农村地区的剩余劳动力转移持续增长。在经济的发展过程中，农业冗余劳动力向非农产业转移，并将自身与家庭的长期居住地从农村迁移到城市是一般规律。但是因为城乡二元户籍制度的关系，我国农业剩余劳动力的转移呈现出非永久性转移的状态：职业已经完成由农至非农的转换，但定期往返迁徙仍然存在，而其农民工的身份则更加难以改变。自1949年以后的优先发展工业战略是我国城乡二元户籍制度产生的根本原因，即为了维持城市职工的生活水平，城乡"剪刀差"从农业向工业，从农村向城市输出农业剩余。为了确保产业工人及家属享受这一待遇，二元户籍制度设计应运而生。可以说，非农产业的繁荣发展、农业天然的局限性与割裂城乡居民身份的户籍制度共同造成了城乡收入与生活水平的巨大差异。正是这种巨大差异驱使大量农民向城市流动，尤其是经济发达地区的大城市。但是由于农业转移劳动力接收地不给予他们当地城市户籍，所以形成了我国特有的农民工群体。农民工这一称谓形象地反映了我国农业剩余劳动力非永久性转移的特殊性农民工群体的就业已脱离农业领域，大部分时间驻留在城市，但就户籍身份来说却还是农民，承包地、宅基地等不动产仍旧保留在农村，无法彻底融入城市。

为了适应经济与社会的发展，我国的城乡二元户籍制度也历经了多次调整，但均未在本质上撼动户籍制度造成的城乡间利益的巨大差别。这种农业剩余劳动力非永久性转移的状态也直接造就了日益庞大的农民工群体，其市民化问题也到了必须要解决的阶段。具体看，在我国改革开放以来的经济发展进程中，农业剩余劳动力的转移具有明显的阶段性特征。遵循农业劳动力过剩化—农民工化—农民工权益保护—农民工市民化的演化进程，农业劳动力的转移可以分为四个阶段。

3.1.1 第一阶段（1978～1991年）：进城劳动限制初步放开与转移开端

始于1978年的家庭联产承包责任制改革推动了中国农村的进步和农民生活水平的提高，城乡居民的收入差距在1978～1989年间呈现出缩小的趋势。但是，农民多，土地少这个中国农业的基本问题并没有完全解决。传统的户籍制度隔绝城乡，通过政府主导的强制积累方式实现工业化，"农转非"受到严格控制。因此，农业积存了大量的剩余劳动力。家庭联产承包责任制使农业剩余人口隐性化的问题显露出来，为了提高收入，该部分人口自发向城市地区流动寻求就业。但是，这一时期农业剩余劳动力还只处于一种补充地位，政府对农业劳动力向城市流动持严格限制态度。1981 年，国务院《关于严格控制农村劳动力进城做工和农业人口转为非农业人口的通知》就城市用工单位使用农村劳动力的有关问题提出了具体要求①。为了防止农村"自发的资本主义势力"②的滋生，政府把当时的"社队企业"③发展严格控制在自然经济的范围之内。

　　20 世纪 80 年代中期，由于乡镇企业的迅猛发展，对农业劳动力的需求快速增加，我国根据形势变化对户籍制度进行了调整，大方向是放松农民工进城务工与经商的政策约束。中共中央与国务院于 1984 年出台《关于 1984 年农村工作的通知》与《关于农民进入集镇落户问题的通知》，在这两份里程碑式的文件中，第一次提出了到城镇务工的农民工及其直系亲属，

----

①　谭崇台，马绵远. 农民工市民化：历史、难点与对策［J］. 江西财经大学学报，2016（3）：72 - 78.
②　这是列宁关于"小生产是经常地、每日每时地、自发地和大批地产生着资本主义和资产阶级"的判断。见列宁选集［M］. 北京：人民出版社，1995：135.
③　改革开放初期的大部分乡镇企业是从"社队企业"演变而来的。

在满足了必要条件后可获得城镇户籍。这是我国户籍制度向放松管制的方向迈出的第一步，在制度上为农民工的流动提供了保障。自1985年，公安部颁布法令，向满足条件的农民工发放暂住证，赋予了农业人口在城镇长期合法居留的权利。这意味着城乡割裂的二元管理制度的松动，森严的城乡壁垒被打开，农民到城市就业变得合法化。跨乡镇劳动力流动数量从1983年的200万人增加到了1989年的3000万人①。

但是，回溯历史，可以发现当时中央对农民工进城就业的态度并不坚定，从而导致关于农民工的政策出现动摇。如1989年我国经济出现了潜在通货膨胀风险，在治理与整顿经济环境与秩序的思路指引下，转向强调对农村劳动力向城镇转移的约束，将"离土不离乡"确立为农村剩余劳动力转移的指导思想，成为当地转移和解决就业问题的主要方式，以避免形成过量的农村冗余人员涌入城市务工的形势。并强调，对农村劳动力进城务工，要运用法律、行政、经济的手段和搞好宣传教育，实行有效管理、严格控制，该指导思想体现了一定程度的歧视，从效果上来看并不理想，农业剩余劳动力转移在短暂的下降后，又很快恢复增长趋势。

---

① 摘自吴敬琏. 当代中国经济改革教程［M］. 上海：上海远东出版社，2016：116 – 121.

3.1.2　第二阶段（1992～2002 年）：大规模迁移群体形成与规范管理

1992 年，党的十四大确定了以社会主义市场经济为经济体制改革的基本目标，中国进入经济转型期。相比前一阶段，户籍制度更加完备且县级以下的城镇户口完全开放。这一制度层面的变革有着坚实的经济层面的基础：1992 年，邓小平同志南方讲话后，外向型的发展战略确立，较发达的东南沿海地区涌现了大量的外资企业与合资企业，亟须大量劳动力填充，而欠发达地区的企业渐渐景气不再，客观上创造了劳动力流动的需求。1993 年的农民工规模已经达到 6200 万，1995 年增加至7000 万，而 1989 年时只有 3000 万①，可见这一阶段的增长十分迅猛。该时期农民工大量涌现的原因可以总结为以下几点：第一，由于体制改革，农民也拥有了依个人意愿选择职业的权利，这是进城务工的根本前提；第二，此阶段乡镇企业逐渐衰落，且农村的生产率有所提高，这使得农村的劳动力更加冗余；第三，我国进入高速工业化阶段，以制造业为主的各类企业需要大量的劳动力。

---

① 李刘艳，吴丰华. 改革开放以来我国农民市民化阶段划分与展望 [J]. 经济学家，2017（8）：89 - 96.

　　从制度层面上看，1994 年后我国建立了户籍登记制度，将人口区分为常住人口、暂住户口与寄住人口，以职业而不是地域为依据区分农业与非农业人口。1997 年，公安部发布《小城镇户籍管理制度改革试点方案》，该方案中允许向满足条件的农民工及其直系亲属提供城镇常住户口。次年，公安部再次颁布文件，将 1997 年只限于小城镇试点的落户政策推广到中型城市，而小城镇的户口则在 2001 年国务院的批准下全面放开。由于意识到工业化与城市化的必要性及不可逆转性，中央政府改变了以往对农业人口流动的以限制为主的政策，转而以引导与规范农民工在城镇就业为指导思想，以求更加充分的利用劳动力充裕的红利。在此思想指导下，具体的政策虽然限制仍较严格，但已经不再是禁止性质的。1994 年，原劳动部出台了《农村劳动力跨省流动就业管理暂行规定》，对用人单位雇用农村劳动力、农村劳动力进城就业和中介组织活动做出具体的限制与规定。同时要求建立"外来人员就业证"和"外来人员就业登记卡"的证卡结合制度，连同暂住证制度，一同构成了城市对农业剩余劳动力管理的制度体系。

　　在当时，一个不可忽视的重要社会背景是国有企业员工大规模下岗的事实，为了维护城镇工人的工作机会及社会的稳定，各地区出台了一些地方性的法规以限制外来农业人口对城市在岗人员就业机会的冲击。可以说，始于 20 世纪 90 年代中期的大规模下岗潮滞后了有利于农民工更加自由流动制度的推出，加之该时期来自于农村的富余劳动力规模巨大，所以为了避免出现城乡劳动力恶性竞争的局面及优先考虑城市人员的工作岗位，农民工群体并没有被纳入社会公共福利体系内，城乡二元户籍管理制度仍然存在。

3.1.3　第三阶段（2003 ~ 2012 年）：农民工权益保护

我国于 2001 年加入世贸组织，在国际贸易上更加体现我国的比较优势：出口产品结构中劳动密集型产品成分迅速扩大。在此背景下，城市制造业与服务业对劳动力的需求也相应快速增加，大量就业岗位有待农民工填充。从 2003 年起，东南沿海发达地区开始出现农民工短缺的现象，至 2006 年，"民工荒"已遍及长三角与珠三角。虽然对农民工短缺的现象存在其他方面的解释，但总的来说，基本认同劳动力的需求大于供给是该现象出现的根本原因。在改革开放 20 余年后，农民工对自身的权益有了合理的认识，也意识到了自身的价值，对于自身所遭受到的不合理待遇与侵权行为，农民工群体选择用脚投票。所以，重视农民工权益，推进农民工城市化进程，以挽留农民工成为制度重新构建的方向。

从 2003 年开始，多项消除农民工就业歧视、健全社会保障、提供子女教育和提升农民工就业能力的文件陆续推出。2003 年出台的《工伤保险条例》首次将农民工纳入保险范畴内；而于 2006 年颁布的《国务院关于解决农民工问题的若干意见》则第一次在全国层面上提到在中小城镇逐步放松农民工落户条件的前提下，构建面向农民工的政策保障体系，有序地解决符合条件的农民工在大城镇中的户籍问题。2008 年 10 月，党的十七届三中全会提出，为了形成城乡经济社会一体化新格局，实现农民工与城镇居民享有相同待遇，范围应包括薪酬、教育、医疗住房等。2011 年，国务院颁布《国务院办公厅关于积极稳妥推进户籍管理制度改革的通知》，提出对于暂无法在城镇落户的农民工，其薪酬、后代教育、住房保障、职业安全等多方面问题也要做到切实有效的保障。2012 年 11 月，党的十八大提出要加快户籍制度改革、农民工市民化的进程，实现包括农民工在内的常住人口的城镇公共服务的覆盖。可以说，从党的十八大开始，政府的工作重点已经置于推动农民工的市民化，中央财政也对这一进程给予了很大的支持，我国农民工已经逐渐步入市民化阶段。

就户籍制度来看，逐渐模糊户口与公共福利之间的联系并构建城乡一致的户口登记制度是基本的改革方向。然而，由于公共服务并没有实现城乡居民均等化，所以在身份上将城乡人口统称为居民并不意味着二元户籍制度被彻底破除。

各地的落户制度不同，包括"积分落户制""门槛落户制"、购房落户制等，其中一线大城市普遍因更加重视农民工对当地的经济贡献度而采用积分落户制，而中小城市则以稳定收入来源为条件而多采取"门槛落户制"。此外，不同类型的城市还设有投资落户、买房落户、高学历人才落户等不同形式的落户条件。

3.1.4　第四阶段（2013 年至今）：农民工逐渐市民化

自党的十八大以来，合理有序地推进农业转移人口永久性转移，即逐步市民化成为政府的重点工作。《关于进一步推进户籍制度改革的意见》《关于深入推动新型城镇化建设的若干意见》等重要文件相继出台，标志着现行户籍制度全面改革的开端，提出"到2020 年，转移的农业劳动力总量继续增加，农民工综合素质显著提高、劳动条件大幅度改善，保障其工资稳定增长并实现社保覆盖，引导约 1 亿人在中西部地区就近城镇化，实现 1 亿农业转移人口和其他常住人口在城镇落户，未落户的也能够享受到城镇基本公共服务，农民工群体逐步融入城镇"的目标。

2013 年 11 月，《关于全面深化改革若干重大问题的决定》出台，提出了要给予农民工同等的社会保障，更强调了城乡社会保障的有效衔接问题，并重申为农民工给予财政支持，推进农业转移人口的市民化，逐渐将符合条件的农业转移人口转变为市民，实现永久性转移。1 年后出台的《国家新型城镇化规划 2014～2020 年》，再次提出了到 2020 年实现约 1 亿农业转移人口和其他常住人口在城镇落户①。2014 年 7 月，国务院出台《关于进一步推进户籍制度改革的意见》，提出全面施行居住证制度，将就业服务、义务教育、养老保障、医疗保障、居住条件保障等城镇基本公共服务惠及到所有城镇常住人口。

2015 年，为了建立有效推动农民工市民化的长效机制，国家提出了财政预算要更多考虑向吸收农民工较多的城镇，并且明确了财政转移支付、城镇新增建设用地与农民工市民化数量的挂钩关系。这标志着我国已经进入农民工市民化的实质性阶段。

近 40 年（1978～2017 年）的持续累积，我国的农民工数量已非常可观。调查显示：虽然增速放缓，但我国农民工总量仍持续增加，截至 2016 年，农民工总量已达 2.8 亿人。关于我

---

① 谭崇台，马绵远. 农民工市民化：历史、难点与对策 ［J］. 江西财经大学学报，2016（3）：72－80.

国农民工市民化进程，有学者进行了测度，按照常住人口和户籍人口两个口径计算的我国城镇化率分别为 54.8% 与 35.9%[①]，相差如此之大是由于大量农民工群体没有城镇户口所致，当前农民工市民化的进程滞后严重。

农民工与城镇居民经济社会地位长期不平等，在一定程度上对社会群体有割裂性的结果，成为引发社会潜在矛盾的根源之一，所以改变农民工始终游离在城市之外的状态，进行彻底的农民工市民化是我国发展过程中的必由之路。农民工市民化是一个长期的过程，现阶段还仅是开端，其中要考虑的因素很多，如社会因素、个人因素、制度因素等。其中，制度因素因为其重要性、复杂性与可把握性成为重中之重，制度变迁也会涉及各利益主体，我国的农民工市民化过程一定是一个不断克服困难前进的征程。

3.2

新型城镇化进程中农民工市民化主要制约因素

新型城镇化进程中我国农民工市民化推进依然面临着诸多障碍，永久性迁移则更加困难。根本原因在于农民工的市民化

[①] 王伶，梅建明 . 我国农民工市民化进程测度方法与实证研究——基于 29 个省（区、市）4275 份调查问卷 [J]. 农村经济，2015（11）：108 - 113.

成本较高，而相应的市民化能力却很弱，由此产生的矛盾导致农民工市民化的进程难以快速推进。后文将分析现阶段农民工市民化能力的欠缺方面、形成原因及对市民化进程的制约。

3.2.1 农民工市民化私人成本高昂

现阶段，农民工群体在市民化的过程中，为了在身份、地位、社会权利包括生产、生活方式等方面全面向城市市民转化，需要大量的成本支出，无论对社会还是对农民工个人，都是较沉重的负担。就个人所需付出的成本而言，主要包括城市生活成本、自我保障成本、住房成本与机会成本等。以上的种种个人成本，都是农民工群体在市民化过程中无法回避的。

第一，城市生活成本。城市生活成本是指等同于城市市民的生活成本，就是指农民工市民化后，获得作为市民在城市内正常生活所产生的支出。组成部分包括在城市生活的能源、水、通信等方面的支出，最终转化成本的数量是扣减掉农民工在城市的消费支出后超出的部分。考虑到市民化之前许多农民工做的是"包食宿"的工作，如大多数从事建筑业的农民工吃住都在"工棚"中，多数从事家政行业的农民工（以女性为主）也都食宿在雇主家中，而在市民化后，这部分开支则需要自己来承担，所以此部分持续支出的成本构成了较为沉重的负担。

第二，住房成本高昂。农民工市民化转型的住房成本是农民工最庞大的支出，农民工为了达到与城市居民基本相同的居住水平，其所支付的成本接近于经济适用房或廉租房的平均购置成本。除了建筑成本外，保障房的土地成本也由个人承担，数额比较大。考虑到收入水平更高的地区房产价格也水涨船高，所以对于在我国不同地区工作的农民工来说，负担程度虽有所不同，但普遍较高是事实。

第三，社会保障成本个人缴纳部分。农民工群体要达到城市职工的平均收入及社会保障水平所必须支出的成本构成了农民工的自我保障成本。保障支出中，养老、医疗、失业等保险均有一定的个人缴纳比例，总计约占到工资总额的10%。也就是说，如果农民工的年收入为5万元的话，每年将为此支出超过5000元，这占据了农民工工资剩余的很大一部分比例，所以这将成为相当程度的负担。

第四，机会成本。农民工转变为市民意味着要放弃农村土地经营权，那么农业生产收入将成为最主要的机会成本，包括来自于农业生产的收益和兼业经营的收益。应该说，与农民工在城市务工相比，这部分收入在数额上并不算很大，但是对于农民工群体而言，这是一个比较稳定的收入来源，在放弃时会有一定的心理压力。

3.2.2 经济基础薄弱，收入来源单一

在改革开放的初期，城市地方政府会设置政策障碍来限制本地企业聘用外来的劳动力，采取的主要方式是向雇用外来劳动力的企业收取额外的费用。同时，外来劳动力也被约定俗成的限制进某些行业。即使在现在，尽管表面上的许多歧视性政策已经被取缔，但是非本地户籍的人口，尤其是农村人口要进入到高收入的垄断行业会面临更大的难度。

（1）农民工的工资水平偏低，距市民化标准差距较大

在影响农民工市民化进程的诸多因素中，收入水平是最重要、最基本的。现阶段，农民工的就业模式仍以受雇为主，虽然自营方式的比例也有所增加，但从数据上看仍然无法构成主流，也就是说，农民工的收入还是主要来自于工资。因此，工资水平的高低对市民化能力至关重要。据统计，近几年我国农民工工资水平有较明显增长，2016 年农民工的月平均工资为3215 元，相比 2008 年翻了一番，但是农民工的工资水平仍只相当于城镇就业人员工资水平的 57.09%[①]。且由于农民工群体多集中在消费水平较高的大型城市，所以较高的日常生活成本

---

① 2016 年农民工监测调查报告，中国统计年鉴（2017），经整理计算获得.

与置业成本成为了农民工市民化的主要障碍之一。

（2）农民工的财产性收入很低

所谓财产性收入即指城乡家庭拥有的银行存款、有价证券等动产与房屋、土地等不动产所产生的收入。它包括出让财产使用权所获得的利息、租金、专利收入等，财产营运所获得的红利收入、财产增值收益等。财产性收入是城镇居民可支配收入的构成部分。随着我国经济的发展，生活水平的提高，人们拥有的财产性收入快速增长，但是农民的财产性收入要远低于城市居民。2015 年，上海市农民工的工资性收入占到 82.8%，财产性收入则只有 15.7%，比例远低于城镇居民家庭①。上海的情况只是全国的一个缩影。作为离乡农民的主要资产——农地的出租价格较低（东北地区约每亩地每年 400 ~ 500 元）；相比之下，城镇居民从存款、有价证券、房产出租等方面获得的收入要高得多，而这进一步拉大了与农民工之间的收入差距。虽然近几年我国农民的财产性收入增长速度较快，但是由于基数较小，所以总量依然不乐观。

（3）农民工难以获得高质量就业

近些年我国经济增长较快，对劳动力的需求增加也很快。

---

① 石忆邵，王樱晓. 基于意愿的上海市农民工市民化成本与收益分析 [J]. 同济大学学报（社会科学版），2015（4）：50 – 58.

农民工就业找工作并不难，但是要找到薪水高，稳定性高的"高档次"工作则较难。据 2016 年的调查，农民工的就业结构仍然以建筑工地普通工人、餐饮等行业的服务员、快递员为主，此类工作的特点是工资低、辛苦且风险较大。目前，大多数农民工的就业定位仍然是进入劳动密集型企业或就业门槛极低的服务行业的某些岗位。农民工的技术能力提升仍然不足，技术方面仍是其薄弱环节。对于男性农民工，比如在建筑行业，一般做的是简单的力工，收入低且辛苦；对于女性农民工，也较少能够进入如育儿与家政公司中的高薪工作领域。由于此类工作不仅收入低，而且缺乏稳定性，所以也成为农民工市民化的一大问题，更在一定程度上削弱了农民工市民化的意愿。

3.2.3　观念、习俗与公共服务城乡差异大

农民工融入城市面临很多问题，不仅来自于经济方面，也来自于城乡观念、习俗等的差异与差距。此类无形壁垒会削弱农民工对自身融入城市能力的主观评价，也会施加负面影响于经济能力提升，从而实质性地阻碍农民工市民化能力的提高。

（1）城乡居民习俗与观念差异

由于中国社会城乡长期的二元分割状态，"城市人"与"农村人"这种将群体区分的方式已经深入观念（相比之下，

其他主要国家少有此种我们已经习以为常的区分方式）。在作者参与的一个关于辽宁省农业劳动力流动的课题调研中发现，在城市中就读的农民工子女（10 ~ 15 岁）在课外仍主要与同是农民工子弟的同学交往，以上现象除了家庭背景相似的孩子更有共同话题之外，城市孩子对来自农村孩子缺乏认同感是问题的关键，可见城乡分割的观念是代际相传产生的影响，是根深蒂固的。以上城市社会对"农二代"排斥的例子只是农民工及其家庭融入城市中面临的诸多社会障碍中的一个典型情况，体现出的是除经济、制度方面，来自于社会的由意识形态所带来的障碍。在生活习惯与习俗方面，农民工及其家庭与城市家庭难以做到互相理解与接受。在相关课题的高校调研中，我们发现很多来自于城市的学生不能理解来自于农村的学生频繁在寝室间串门的行为，而因此造成的无法安静午休的问题是寝室矛盾的重要来源之一。而诸如此类的问题不只是素质问题，更多是对人际关系与交往方式的认同问题①。

（2）社会阶层固化，流动性差所产生的问题

此外，需要意识到的是，农民工群体在城市社会被排斥、被疏离的现象是发生在我国现阶段阶层相对固化、流动性不足

---

① 郑风田. 对新生代农民工十个关键性问题的研判［J］. 学习月刊，2010 (6)：24 – 25.

的大背景下的。在阶层流动性不足的社会环境中，以经济实力与社会地位划分的群体之间愈发隔离且难以融合，作为生活在城市中"最底层"的农民工家庭既没有机会也难以有实力与上层社会接触。在此背景下，最不乐观的估计是，考虑到农民工家庭子女的教育状况要普遍劣于城市原住居民家庭，农民工的职业会有一定程度的代际间承继性，这会成为农民工家庭家长的心理负担，也有削弱农民工市民化意愿的负面作用。

当一国的经济水平进步到一定程度，社会发展相对稳定、社会流动性变差，这是较为普遍的国际经验，中国并非特例。但是，与其他国家不同的是，我国存在庞大的农民工群体，相比城市中形成的阶层差异，该群体更加弱势，也更难以向上流动。除了收入水平较低外，此种情况的出现有非常直接的原因：农民工家庭在城市的社交网络相对简单，且以同为农民工家庭为主，很难做到高水平的信息传递与交流；农民工家庭的亲缘网络与城市相对隔离，在就业、求学中能够提供的有效帮助很少；在网络时代，由于个人文化素质较差，且家庭电脑、网络等能够提供重要信息的设备配置明显不足，使得扩大收入来源、与他人沟通的渠道都相对狭窄。

（3）公共服务、特别是教育资源分配不均造成的障碍

地方政府提供的公共服务有些不易产生歧视，比如说公共交通与公共绿地。但是，更多的公共服务项目是与户籍相联系

的，易发生歧视。其中，以下一代的教育最为重要。从最初的幼儿园阶段开始，假如没有本地的城镇户籍，便无法以向当地居民实行的收费标准上公立的幼儿园。而到了义务教育阶段，从前的制度是本地的公立学校原则上不招收外来务工人员的孩子，即便招收，费用标准也要高得多。这导致了大量农民工子弟学校的出现，由于这一类学校缺乏财政支持，资金有限，所能够提供的教育质量自然要更差。现在，义务教育阶段的学校已经逐渐地向外来务工人员开放，但是其中质量越高的学校越难于向外来务工人员的后代开放，更难以对外来务工人员的子女实行同等的待遇。特别是在"按片划分，就近入学"的制度安排下，只有购买了住房的人才会被认定为片内住户，从而大量靠租房生活的外来人口实际上就无法拥有同样的教育权利。而且，优秀高等教育资源较为集中的城市大多倾向于将高考招生名额分配给本地考生，而外来农民工的后代不得不回原籍参加高考，这必然将造成高等教育机会的严重不公，并阻滞代际的收入和社会流动。

3.2.4　制度壁垒影响仍然存在

关于农民工市民化的障碍，学术界较为主流的观点是制度壁垒是阻碍农民工市民化的核心因素①。在诸多的制度障碍中，二元户籍制度是其中的核心，该制度框架与二元经济结构又产生了一系列制度壁垒，如劳动保障制度、社会保障制度、医疗保障制度、公共福利制度及某些政治权利制度等方面的壁垒。城乡二元结构依然影响着有关农民工政策的制定及管理制度设计，这些政策导向与制度设计是导致农民工在经济层面、社会融合层面及心理适应层面不能很快实现市民化的直接因素②。虽然也有学者认为户籍制度等只是作为中间障碍因素存在于农村劳动力向城市转移的过程中，但他们也承认制度障碍在抑制农业劳动力城市化方面具有社会屏蔽作用，而且具有普遍性和集体性的特点。在由制度壁垒产生的不平等与歧视作用是削弱农民工市民化能力的主要原因上，观点基本一致。

自 2004 年至今，我国每年推出以三农问题为核心的中央一号文件，逐渐倾斜于农民的政策导向已十分清晰。但是，由于农业转移劳动力在各地融入城市要受制于地方政策，所以仍然面临政策性不公问题。地方政府对于市民化问题的政策取向往往会与中央政府不一致，这是由地方政府所面对的激励机制

---

① 鲁强. 农民工市民化问题研究综述——研究范式、现实障碍与路径趋势 [J]. 山东财经大学学报，2017（3）：46 – 58.

② 柯兰君，李汉林. 都市里的村民——中国大城市的流动人口 [M]. 北京：中央编译出版社，2001：37 – 35.

所致。现有的体制激励地方政府追求本地经济规模、投资和税收的最大化，所以一些政治经济学因素使得地区间的重复建设和市场分割成为一个始终未能解决的问题，全国范围内的资源跨地区配置的效率被损害①。在这一过程中，地方政府更多地考虑到本地户籍居民在政策安排与制度设计上并未将农民工与市民群体一视同仁，并在就业、权益等诸多方面低估了农民工群体在决策变量中所占的权重。以上所提到的资源配置效率被损害就包括了农民工跨地区流动所遇到的阻力。

（1）二元户籍制度将是根本的制度障碍

2016 年 9 月，北京市出台了推动户籍制度改革的相关实施意见。这意味着我国大陆 31 个省份均推出了户籍制度改革规划。在户籍制度改革意见中，各省份均拟消除农业与非农业户籍的差别。但是，这并不意味着在我国实施了半个世纪的二元户籍制度从此不再产生影响。事实上，作为一种制度遗产，其对农民工市民化的消极影响仍将在一段时间内持续，隐藏在户籍制度背后城市居民与农村转移人口间的利益差别很可能长期存在。而在制度存续期内，户籍制度对农民工市民化进程所造成的阻碍与滞后影响是显著的。二元户籍制度是一种城乡分治

---

① 陆铭. 城市、区域和国家发展——空间政治经济学的现在与未来［J］. 经济学（季刊），2017（4）：1499－1531.

制度，其主要后果是农民工的居住地与就业地长期不一致，即所谓的"家业分离"，农民工在节假日与工作日间辗转迁徙，衍生出留守儿童、留守妇女等亟待解决的社会现象。除了对农民工的生活产生影响外，户籍制度对就业市场的影响更为明显，在就业机会、收入差异和职位晋升等方面均有不同程度的影响。由于同工不同酬的情况很普遍，二元户籍制度可以解释相同行业相同岗位收入差异的 20% ~ 30%[①]。据彭小辉、史清华（2013）针对上海市的研究，二元户籍制度对就业机会影响最大，对职位晋升的影响也不容忽视。在以上海为例的研究中，由于户籍制度的不平等，导致就业身份歧视严重，约70%的农民工受访对象对于某些招聘中仅限本地户口的做法感觉不公，而35岁以下年轻群体中，这一比例则更高[②]。由二元户籍制度导致的收入水平落后的后果会更加降低农民工市民化的能力，而由其产生的不公对心理的影响则会削弱农民工市民化的意愿。可以说，二元户籍制度将城市本地人与外来务工的农民区分开来，使其具有社会身份的象征作用，在经济层面则是影响就业机会的获得，收入水平的提高和个人的职业前景。从这

---

① 姚先国，赖普清. 中国劳资关系的城乡户籍差异 [J]. 经济研究，2004 (7)：82 – 90.

② 彭小辉，史清华. 城乡二元户籍制度的认识、现实影响与改革取向——基于上海的实证调查 [J]. 中国软科学，2013 (5)：27 – 44.

个视角来看，放开户籍制度的阻力除了来自考虑城市过大可能会导致城市病的决策者外，更多的是来自于城市（尤其是一线大城市）既得利益者集团的阻挠（注：从几年前发生在上海地铁的当地人抗议外地务工人员的子女参加上海市高考录取的事件中可见一斑）。

2016 年 9 月，我国大陆 31 省份均开始推行户籍制度改革，但是在城市（特别是大城市）落户仍然难度很大，而学历较低的农民工群体则更加困难。对于农民工群体而言，受限于户籍制度带来的不利影响仍将是长期的。

（2）社会保障制度不利于农民工市民化

二元户籍制度是影响农民工市民化的根本性障碍，由该制度又衍生出一系列不利于农民工融入城市的制度。其中，社会保障体系便是主要的制度障碍之一。我国当前的社会保障体系是由本地财政独立支持运转的，因此从服务对象来看，本地居民才是各城市社会保障的主体。而有些城市为外来农民工提供的专门社会保障，其水平较低、限制较多，由于此类原因，外来农民工的参与率普遍不高。此外，在全国范围内，将养老保障的个人缴费账户转变为可以跨地区携带的统筹工作仍然没有全面完成。在当前的制度框架下，通常的制度安排是，外来劳动力必须在就业地点缴费满 15 年后才能享受养老保险，假如未满 15 年便离开工作地点，便只能选择退保，不过此时退保职工只能带走账户中个人缴纳的积累金额，而由企业上缴的统筹部分无法带走，这种安排对进城务工的农民工来说是很大的损失，构成了其市民化过程中的沉重负担。可以推测，这一制度安排反过来会打击农民工的参保积极性，降低参保率。

城市居民与外来务工人员在社会保障权利上有很大差别。其中，最低生活保障、"五险一金"、养老保险、与医疗保险等都受到户籍制度的影响。可以说，当地户籍已经成为人们获得公共福利资源的资格和条件。由于户籍是城市分配公共服务与资源的依据，所以在资源有限的情况下，限制部分人获得社会保障福利是理性政府追求的最优策略，政府成为利益相关者①。

（3）土地制度的约束

地区和城乡之间劳动力流动还面临着土地制度的约束。为了粮食安全的目标，我国实行"建设用地指标配给制度"，即控制建设用地开发的指标总数不超标。在此政策框架下，农民工家里的宅基地使用权不能被作为资产置换以获得资金，这使得农民工难以支付融入城市所面临的巨大的成本（尤其是房屋支出）。

对农民工来说，以上土地制度障碍除了具有不利的收入效

---

① 布坎南，塔洛克. 同意的计算：立宪民主的逻辑基础［M］. 北京：中国社会科学出版社，2000：108.

应以外，还产生不利的价格效应。原因在于国家在实行"建设用地指标配给制度"时，虽然总数的分配会在一定程度上考虑不同地方不同的经济发展需要，但这里有着平均主义的指导思想，这便导致了东南沿海等发达地区的指标相对缺乏，而内陆省份的指标过剩而无法被有效使用。东南沿海地区正是农民工大量流入的地区，该地区却因为建设用地不足与需求旺盛而房价高涨，这严重的削弱了农民工家庭在当地置业落户的能力。对于类似的低效率的土地制度障碍，陆铭（2014）曾设想了一个市场交易机制——用地指标相对不足的发达地区被授权去购买落后地区相对过剩的用地指标，这样就能够将更多的农地规划为建设用地，而售出建设用地指标的地区则必须要相应增加农地的数量，这可以被称作建设用地与农业用地的"占补平衡"①。假如以上所述的"占补平衡"是可以跨地区、跨省份实现的，东部发达地区在给予来自于外地务工人员户籍、社会保障和公共服务等，作为回报，可以获得更多的建设用地数量，那么就能够将更多的土地用于发展工业、服务业或提供住宅。这样可以有效地抑制发达地区的房价并增加就业机会。从另一方面看，让出建设土地用地指标的地区（往往也是劳动力

---

① 陆铭. 空间的力量——地理、政治与城市发展［M］. 上海：格致出版社，2014：18.

净流出地区）可以将在外定居的农民工的宅基地复耕为农业用地，农业用地的总数量不会减少。该制度会产生一种双赢的结果，发达地区（农民工流入地区）得到了紧张的建设用地，而有市民化意愿的农民工得以通过出让宅基地而获得资金，增强市民化的经济能力。在本书写作期间，有关宅基地的所有权与转让新规出台，为农民出让宅基地提供了依据，但跨省份的"占补平衡"仍然未能实现。

（4）农民工的政治权利缺乏

农民工的称呼与分类标准并不是行业或职业（农民工分布在各个行业），而是直接来源于其户籍身份——是由于该群体是从农民阶层分化出来的。可以说，对包括经济资源、政治资源与文化资源等社会资源占有情况的差异赋予了农民工阶层的群体意义。而且，该差异是建立在法律、法规体系之上的，是有"法律保护"的。个人户籍身份的属地管理制度是导致农民工个人权利与社会权利不一致的根本诱因——当个人所在地与户籍不一致时，包括经济权利、政治权利在内的基本权利都会被弱化甚至剥夺。就政治权利来说，农民工的政治权利滞留在农村，在城市中农民工群体是一个极度缺乏政治权利的人群。这体现在农民工群体在城市中没有制度化的争取相关权利的诉求渠道，在城市的公共事务方面没有话语权。由于身在外地务工，农民工很少有机会参加家乡（户籍所在地）的选举（由于长期在外，被选举也基本不可能），其政治权利得不到行使。而是否能够在城市享有选举权或对公共事务的影响力对农民工来说也意义不大（当然目前也不享有），因为城市不向没有户籍的农民工提供资源支持，城市状况的改善并不惠及自身。从而，农民工的政治权利在农村处于悬置状态，在城市处于虚无状态。政治权利的弱化使本来在经济上就处于较弱势地位的农民工在其他权利上也相对缺乏。例如，在劳动合同签署中，雇佣方往往通过利用城乡身份区别降低农民工的工资待遇，导致同工不同酬。另一个重要的事实是，在政治权利缺乏的状态下，当合法权利受到损害时，农民工群体往往只能采取非制度化的如上访等形式。此类形式很难产生满意的效果，除了被管制以外，最主要的原因是农民工阶层基本被排斥在包括政府、企业与工会的三方机制之外，没有政治权利的农民工难以维护自身合法权益。

以上的各种歧视与制约提高了劳动力的流动成本，成为农民工融入城市面临的主要问题。随着经济的发展与观念的转变，相比上一代，新生代农民工市民化的愿望更加强烈。从而，有形与无形的制约对他们真正融入城市形成的障碍就更为明显了[1]。

---

① 刘传江，程建林，董延芳. 中国第二代农民工研究 [M]. 山东：山东人民出版社，2009：102 - 107.

第 *4* 章

农民工市民化能力构成及测度

　　我国加速推进农民工市民化是新型城镇化建设的内在要求，是新常态下经济增长和社会转型的需要。农民工市民化固然受到许多外部客观因素的制约和影响，但这些将会随着新型城镇化的不断推进而逐渐消除，即制约市民化的"有形门槛"将逐步打破，而农民工自身的市民化能力局限将成为制约其市民化的关键因素①。本章从理论上阐述了农民工市民化能力的构成，并对农民工市民化能力进行了测度，测算结果是能力提升路径的重要依据之一。

---

　　① 王竹林.资本要素与农民工市民化能力再造机理研究 ［M］.北京：经济科学出版社，2016：69.

4.1

农民工市民化能力构成及特征表现

资本和物资资源是生产的被动因素，而人类则是积累资本，输出自然资源，建立社会、经济和政治组织并推动国家发展的能动主体①。显然，农民工市民化进程中，推动市民化进程的主体是农民工，因此其自身所具有的市民化能力决定着市民化进程的成败。

4.1.1　关于"能力论"的一般范式

一个人的能力是多方面的，如表现在适应、交往、管理、表达、动手、创新、竞争、沟通等方面。这些能力能够综合反映出一个人在政治、经济和社会诸事务中的本领和优势。"能力论"的研究经历了从人力资本到社会资本，再到可行性能力的视角的研究范式。

人力资本理论在研究人力资本的经济价值时，提出了"能力论"研究的一般范式，即微观个体的自我素质、能力会对个

---

① 谭崇台. 发展经济学的新发展 [M]. 武汉：武汉大学出版社，1999：46.

人行为产生重要影响。这种研究范式把人力资本的作用看成是个体内部凝结的具有经济价值功能的能力集合,人的能力的大小是与其人力资本积累程度密切相关的。马歇尔在其人力资本理论中提出,可以把能力划分成两类:一类是通用能力,如决策能力、责任力、通用的知识和智力;另一类是特殊能力,如劳动者的体力和熟练程度。在《人力资本投资》一书中贝克尔采用人力资本的平均收益率来衡量能力,并测度出人力资本投资与能力之间是同方向变动关系①。从这个意义上来看,人的能力需要通过经济社会的塑造,可以把其看成是一种经济投入的产出,其形成机制与物质资本相比并没有本质区别。

20世纪70年代以来,随着社会资本概念的提出,"能力论"的研究视角由人力资本领域,逐渐扩展到社会资本领域。研究范式更加强调信任、互惠规范、公民参与网络等社会结构源对个人所拥有的知识和能力运用的影响。作为一种公共物品或准公共物品,社会资本可以增进国民之间、群体之间、个人与社会之间的和谐,可以降低各成员间能力形成与能力运用的交易成本。

20世纪90年代以后,"能力论"的研究范式转变成一种

---

① [美]加里·S.贝克尔.人力资本投资[M].梁小民译.北京大学出版社,1987:72-73.

"自由观"，即人的能力就是一种自由，是个人能够过上有价值的生活的实质自由。阿马蒂亚·森（2002）指出，自由是人们能够过上自己愿意过的那种生活的"可行能力"。这里面的"可行能力"不仅包括免受困苦——诸如饥饿、营养不良、可避免的疾病、过早死亡之类的基本可行能力，还包括能够识字算数、享受政治参与等的自由①。因此，对于人的能力的衡量，不仅要考虑人力资本、社会资本的积累，还要根据人们所拥有的自由来衡量。所以，能力可以看成是个人所拥有的能够实现自己各种发展目标的集合。能力的大小则决定了个人对不同生活选择的自由和选择范围。

4.1.2 农民工市民化能力的构成

根据"能力论"的一般范式，农民工市民化能力是指农民工进城务工，并完成从职业转换到身份转换过程所具备的所有能力的集合。如果按照农业转移人口市民化的三个阶段划分，农民工市民化能力应该包括农村退出能力、城市进入能力和城市融合能力三个方面。如果从农民工市民化的收入和成本的比较来看，农民工市民化能力是指农民工能够跨越市民化门槛的

① 赵宏燕，李迎春. 可行能力问题研究——贫困问题分析的新视角 [J]. 前沿，2007（12）：209-212.

经济承担能力。农民工市民化不只是要把农民工迁入城市，而是要让农民工享受到与城市市民同等的公共福利，实现生活质量的改善和提升，具备城市生存和生活的能力。因此，农民工市民化能力强弱从根本上决定着每个农民工的市民化和整个农民工群体的市民化进程。当然，农民工市民化能力是一个综合复杂的概念，按照阿马蒂亚·森可行性能力的视角来看，凡是有利于农民工职业搜寻和获得持续收入，获得各项平等权利和社会地位提升，拓展社交网络和增强乐观自信的各项能力均统称为农民工市民化能力。本书认为，农民工市民化能力表现为内在能力和外在能力两个方面：从内在能力看，包括经济能力、社会交往能力和心理适应能力；从外在能力看，包括政治环境、制度安排和文化习俗等外部环境赋予的市民化能力，概括起来，农民工市民化能力主要包括经济融入能力、社会融合能力两个方面。

4.1.2.1 经济融入能力

经济融入能力是农民工市民化的基本能力，是指农民工进入城市并跨越市民化经济门槛的能力，主要包括就业能力和获取净收入能力。

（1）农民工城市就业能力

根据托达罗的人口迁移模型，由于发展中国家普遍存在城市失业现象，并不是每个涌入城市的劳动力都能马上被雇佣或获得稳定工作。因此，乡城人口迁移不仅取决于城乡实际收入差异，而且还取决于城市就业率或失业率。中国近20年的城镇登记失业率一直保持在4.0%～4.3%之间①，农民工市民化不仅要考虑城乡实际收入的差异，还要考虑到城市就业率和失业率对农民工市民化预期收入的影响。一般来说，农民工城市就业能力越强，其在城市里待的时间越长，能够获得的就业机会越多，从而预期收入越高。贝弗里奇（Beveridge，1909）把就业能力理解为可雇佣性，是个体获得和保持工作的能力②。在此基础上，一些美国经济学家提出，就业能力是一个从获得最初就业→维持就业→重新选择→获取新岗位的动态过程。福盖特·金里奇和阿什福斯（Fugate Kinickih and Ashforth，2004）把就业能力看作一种嵌入个体特性中的心理社会建构，是一种能促使雇员识别和实现就业机会、促进工作之间、工作内部及组织之间流动的能力③。罗纳德和林赛（Ronald and Lindsay，2005）提出了全面就业能力的概念，得出就业能力可以从个体

---

① 中国历年失业率数据：近20年城镇登记失业率［N/OL］. http：//www. hao-jingui. com/shiyelv/1612. html，2016年7月28日.

② Beveridge，The Magzine of Mysteries（Makhzanu – L – Asrar）by Nizami of Gan-ja［J］. Journal of the Royal Asiatic Society of Great，1909，41（4）：953 – 962.

③ Fugate，M.，Kinicki，A. J. & Ashforth，B. E. Employ ability：A psycho-social construct，its dimensions，and applications［J］. Journal of Vocational Behavior，2004，65（1）：14 – 38.

层面、个人环境层面和外部因素层面来评价①。

本书认为，城市就业能力，又称职业转换能力，是为获得技能和动力支持而搜寻和保持现有工作，并因环境变化而实现职业转换所具备的能力。包括就业决策、工作搜寻和保持、职业转换和适应等综合能力。这些能力的开发是农民工实现自身职业转型升级和融入城市社会的关键，对国家产业升级、经济增长方式转变和新型城镇化发展战略都具有重要意义。

（2）农民工获取净收入能力

农民工获取净收入的能力是指农民工在城市就业获得的劳动收入减去城市生存成本后还能剩余一部分收入的能力。农民工能够获得的净收入越多，其经济融入能力越强。考虑到我国传统二元制度约束所造成的城乡社会福利的差异仍然存在，农民工市民化成本不只是城市生存成本，还包括城市融合成本、城市发展成本等。因此，只有在农民工获取收入能力足以支付这些成本，且能够剩余一定收益时，农民工才可能真正完成市民化，实现从职业到身份的完全转变。一般来说，农民工在城市的从业分布，月均工资收入等能够客观反映农民工获取收入的能力。

---

① Ronald, W., Mc Quaid, & Colin Lindsay. The Concept of Employ Ability [J]. Urban Studies, 2005, 42 (2): 197–219.

4.1.2.2　社会融合能力

社会融合是一个通过减少各种排斥、逐步融入城市社会的历史过程。农民工的社会融合能力主要包括城市融合能力和政治参与能力两个方面。

农民工城市融合主要指农民工在生产方式、生活方式、社会心理和价值形态上整体融入城市并认同自己的市民身份的过程。如果说经济融入是农民工市民化的前提，是市民化的基础，那么城市融合则是农民工市民化的实现标志，决定着市民化的成败。通过赋予农民工城市融合能力，可以改变其传统的精神、心理、文化生活，促进其在社会交往和文化心理的市民化。习总书记曾指出"一个人的脱胎换骨需要一个长期的过程，人的改造不是一代人的问题。许多传统的观念、习惯和生活方式，都是从小养成的，不可能进城后一下子就改变了。因此，城镇化问题绝不是简单的非农化问题，还包括农民变市民的养成教育问题。"① 相关学者从不同角度研究了农民工城市融合问题，可以归纳为三个方面：一是从社会认同视角来看，农民工在城市融合中涉及制度性身份、社会性身份、自我感知性

---

① 习近平. 干在实处走在前列——推进浙江新发展的思考与实践［M］. 北京：中共中央党校出版社，2013：129.

身份的转换。当前，新生代农民工是市民化的主体，而新生代农民工对制度性身份认同和家乡的乡土认同正在减弱，而对城市社区的认同意识和归属感又不明确和不稳定，使得新生代农民工成为游离于城市体系和乡村体系之外的两栖人；二是从社会比较视角来看，把城市市民作为与农民工相比较的参照群体，并从资源分配、制度障碍和偏见歧视的视角来探讨城市融合问题；三是从社会角色和文化适应视角来看，农民工在城市融入过程中，发生了角色转换和身份转换的分离，成为兼有城市文化和农村文化双重角色的一个特殊的亚文化群。农民工虽然做到了"洗脚离田"，却难以实现"换脑进城"，并未实现文化心理和社会身份转换的结合。

农民工的政治参与能力，是指农民工城市融合过程中应当具有的政治参与、政治意愿的表达和选择、群体权益的矫正和维护的能力，是制度框架下农民工应享有的与其他社会主体平等的政治权利的能力。政治参与是人类健康的一种行为倾向，能够反映公民的社会归属、合作与责任。当前，农民工占我国人口总数近1/5，他们在政治参与方面是边缘人，一方面不能有效地参与城市社区政治和管理活动，另一方面不能有效地参加农村村民自治。在利益分化、冲突与博弈的过程中，他们代表自身影响决策的能力甚为微弱，合法利益往往被忽略甚至受到侵害①。由于农民工长期外出打工，对农村政治活动（如村务公开、村民选举等）非常冷淡，毫不关心，处于制度化政治参与缺失状态。在城市社会，农民工的政治参与主要反映在非制度层面，如集体上访、集体讨薪、罢工游行等。当制度框架下不能解决问题时，农民工便选择"用脚投票"。约翰·罗尔斯（1988）指出，所有的社会价值——自由与机会、收入与财富、自尊的基础都要平等的分配，除非对其中一种价值或所有价值的不平等分配合乎每一个人的利益②。因此，如果经济融入能力是农民工市民化的基础和前提，城市融合能力是农民工市民化的本质和目的，则政治参与能力是经济融入能力和城市融合能力的重要保障，它们之间是互相作用、相互联系的统一体（见图4-1）。

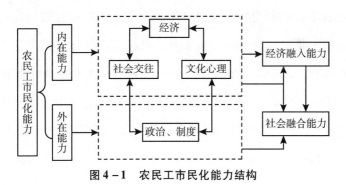

图4-1 农民工市民化能力结构

---

① 刘建娥. 从农村参与走向城市参与：农民工政治融入实证研究——基于昆明市2084份样本的问卷调查 [J]. 人口与发展，2014（1）：71.

② ［美］约翰·罗尔斯. 正义论 [M]. 何怀宏译. 北京：中国社会科学出版社，1988：58.

本书将农民工的城市融合能力和政治参与能力结合在一起，作为一个整体来考察社会融合能力。

4.1.3 新型城镇化进程中农民工市民化能力的特征表现

农民工市民化的实现至少需要两个条件：一是具有市民化意愿，二是具有市民化能力。农民工市民化意愿主要反映市民化的主动性和积极性。学者们从资本因素、制度因素、成本—收益比较、相对剥夺感、劳动权益等视角进行了有意义的探索。农民工市民化能力主要反映了农民工跨越市民化门槛（市民化成本）的能力。学者们对市民化能力研究相对较少，且理论分析不足。从两者的关系来看，农民工市民化意愿只是农民工市民化的动力，而农民工能否实现市民化主要取决于其市民化能力的大小。目前，我国农民工在市民化进程中表现出强市民化意愿与弱市民化能力的巨大反差，虽然新生代农民工市民化能力有所提升，但总体上仍偏低，主要表现在以下几个方面。

4.1.3.1 经济融入能力贫困：低收入与高成本

农民工的收入和市民化成本是决定农民工市民化经济融入能力的两大因素。农民工作为乡城迁移中的非熟练劳动力，其技术水平一般较低，从城市获得的工资收入增长不稳定且普遍低于城镇职工。

从年实际工资收入来看，农民工收入远低于城镇职工收入。根据表 4 - 1 的数据计算，1995 ~ 2003 年，城市职工工资收入是农民工工资收入的年均 1. 55 倍；2004 ~ 2016 年，城市职工年工资收入是农民工工资收入的年均 2. 17 倍。从农民工应得工资与实际工资差额来看，二者差额较大，这是造成农民工收入较低的一项重要原因。由于"同工不同酬"现象的存在，农民工与城镇职工存在"工资剪刀差。"改革开放以来，外出农民工利用"工资剪刀差"为我国经济发展做出了115221 亿元的巨额贡献（见表 4 - 1）。但是，农民工个人却并没有获得对等的回报，农民工并没有获得其应得工资水平。

表 4 - 1　　　1995 ~ 2016 年外出农民工与城镇职工工资水平比较

年份	农民工数量（万人）	农民工月工资（元）	农民工实际年工资（元）	农民工应得年工资（元）	城镇职工年工资（元）	农民工年应得工资与实际工资差额（元）	工资"剪刀差"（万元）
1995	3000	495	4950	3074	5348	- 1876	- 558000
1996	3400	590	5900	3437	5890	- 2463	- 8374200
1997	3890	460	4600	3703	6444	- 897	- 3489330
1998	4936	587	5870	4279	7446	- 1591	- 7853176

续表

年份	农民工数量（万人）	农民工月工资（元）	农民工实际年工资（元）	农民工应得年工资（元）	城镇职工年工资（元）	农民工年应得工资与实际工资差额（元）	工资"剪刀差"（万元）
1999	5240	489	4890	4781	8319	-109	-571160
2000	7600	518	5180	5364	9333	184	1398400
2001	9050	642	6420	6226	10834	-194	-850700
2002	10470	656	6560	7111	12373	551	7444170
2003	11390	646	6460	8028	13969	1568	12847920
2004	11823	701	7010	9149	15920	2139	15949227
2005	12578	780	7800	10460	18200	2660	23269300
2006	13181	860	8600	11986	20856	3386	33295206
2007	13697	946	9460	14207	24721	4747	49405079
2008	14041	1340	13400	16608	28898	3208	45043528
2009	14533	1417	14170	18531	32244	4361	63378413
2010	15335	1690	16900	20999	36539	4099	62858165
2011	15863	2049	20490	24022	41799	3532	56028116
2012	16336	2290	22900	26879	46769	3979	65000944
2013	16610	2609	26090	35506	51483	9416	156399760
2014	16821	2864	28640	38869	56360	10229	172062009
2015	16884	3072	30720	42779	62029	12059	203604156

续表

年份	农民工数量（万人）	农民工月工资（元）	农民工实际年工资（元）	农民工应得年工资（元）	城镇职工年工资（元）	农民工年应得工资与实际工资差额（元）	工资"剪刀差"（万元）
2016	16934	3572	35720	46599	67569	10879	184224986
总计							1152209379

注：农民工实际工资＝月工资×年从业时间，按照《2016 年全国农民工监测调查报告》，外出农民工年从业时间平均为 10 个月；采用刘秀梅、田维明①的研究结果，即农民工的劳动生产率与城镇职工的劳动生产率之比为 1：1.45，得出农民工应得工资＝城镇职工的年均工资/1.45；工资剪刀差②＝农民工数量×农民工年应得工资与实际工资差额。

资料来源：王竹林. 资本要素有农民工市民化能力再造机理研究［M］. 北京：经济科学出版社，2016：125；《2017 年中国统计年鉴》，《2014～2016 年全国农民工监测调查报告》。

从农民工就业行业分布看，主要集中在制造业、建筑业、批发零售业、交通运输、仓储和邮政业、住宿和餐饮业、居民服务、修理和其他服务业上。这些行业主要是劳动密集型产业，其工资水平明显低于资本密集型和技术密集型产业。然而，农民工在这些行业中又主要从事"脏、险、苦、累、差"的工作，与同行业的城镇居民年平均工资收入相比差距较大，

---

① 刘秀梅，田维明. 我国农村劳动力转移对经济增长的贡献分析［J］. 管理世界，2005（1）：91 – 95.

② 工资剪刀差，即农民工对我国经济发展的"工资贡献"。

只能获得该行业的较低工资水平（见表4-2）。

表4-2　　　2016年分行业年均工资收入及农民工从业行业分布

行业	城镇居民年平均工资（元）	农民工年均收入（元）	农民工从业行业分布占比（%）
农、林、牧、渔、业	33612	—	0.4
采矿业	60544	—	—
制造业	59470	32330	30.5
电力、热力、燃气及水生产和供应业	83863	—	—
建筑业	52082	36870	19.7
批发和零售业	65061	28390	12.3
交通运输、仓储和邮政业	73650	37750	6.4
住宿和餐饮业	43382	28720	5.9
信息传输、软件和信息技术	122478	—	—
金融业	117418	—	—
房地产业	65497	—	—
租赁和商务服务业	76782	—	—
科学研究和技术服务业	96638	—	—
水利、环境和公共设施管理业	47750	—	—
居民服务、修理和其他服务业	47577	25810	11.1
教育	74498	—	—
卫生和社会工作	80026	—	—
文化、体育和娱乐业	79875	—	—
公共管理、社会保障和社会组织	70959	—	—

资料来源：《中国统计年鉴2017》，《2016年农民工监测调查报告》。

从农民工市民化成本来看，如果不考虑农地退出的机会成本，仅计算农民工进入城市的生活成本、居住成本、社保支出成本、智力成本、社会交往成本和住房成本，测算结果为 23525 元，其中较高的住房支出成本（16682 元）是农民工私人成本的主要支出部分。城乡二元土地价格和土地退出补偿、流转机制的不健全，进城农民工难以承受城市高房价的压力，只能以选择租房为主的居住方式，购房的农民工占比很低。2016 年农民工监测调查报告数据显示，租房居住的农民工占 62.4%，购房的农民工占比 17.8%，单位和雇主提供住房的农民工占 13.4%，其他方式解决居住问题的农民工占比 6.4%，而购买保障性住房和租赁公租房的农民工占比不足 3%。

4.1.3.2 社会融合能力贫乏：受教育程度不高、社会交往与适应能力弱

社会融合是研究移民群体与当地社会的互动过程普遍应用的概念之一。它作为一个多维度的概念，不会因其在国际移民中还是在国内农民工研究中的不同而不同。本书将农民工的社会融合维度划分为社会适应性、文化心理和政治参与三个方面，并将农民工的社会融合定义为"在城市社会里，农民工与

城市市民在文化、社会交往和心理等方面的差异的消减"①。新型城镇化战略实施以来，农民工的社会融合难，主要表现在以下几个方面：

（1）农民工受教育程度不高

在市场经济条件下，受教育程度不仅影响农民工的劳动生产率，而且很大程度上决定着农民工的社会地位和社会融合的能力。从表4－3的数据显示，外出农民工受教育水平虽不断提高，但是总体上受教育程度不高，外出农民工大多为初中文化程度，占比高达60.2%。在《2014年全国农民工监测调查报告》中显示，新生代农民工已经成为农民工市民化的主体，占农民工总量比重接近50%。这部分群体的受教育程度普遍提高，初、高中及以上文化程度占比达33.3%，比老一代农民工高出19.2个百分点②。尽管如此，从《中国人力资本报告2016》中看到，城乡劳动力受教育程度还存在巨大差距。虽然，全国劳动力人口的平均受教育年限从1985年的6.38年上升到了2014年的10.05年。但是，农村受教育年限仅为8.16年，而城市已经达到了11.17年③。正是由于农民工较低的受

---

① 悦中山. 农民工的社会融合研究：现状、影响因素与后果［D］. 博士学位论文，西安交通大学，2011（3）：5.

② 2014年农民工监测调查报告。

③ 新京报. 中国人力资本报告：全国劳动力人口平均年龄升至36岁［R/OL］. http：//www. sanqin. com/2016/1211/263533. shtml，2016年12月11日.

教育程度，才决定了他们在城市的适应能力差，社会融合进展缓慢的情况。

表 4 - 3　　　　　　外出农民工的受教育程度构成　　　　单位：%

年份	未上过学	小学	初中	高中	中专	大专及以上
1997	1.87	21.32	58.50	13.77	3.51	1.03
1998	1.57	19.88	58.66	14.30	4.33	1.26
1999	1.50	18.61	59.74	14.23	4.62	1.30
2000	1.20	18.14	61.24	13.38	4.65	1.40
2003	1.90	16.70	66.30	10.80	4.30	—
2005	1.70	14.80	67.30	10.70	5.50	—
2010	1.60	14.50	63.40	11.50	9.00	—
2011	0.90	10.70	62.90	12.70	5.80	7.00
2012	1.00	10.50	62.00	12.80	5.90	7.80
2013	0.90	11.90	62.80	16.20	—	8.20
2014	0.90	11.50	61.60	16.70	—	9.30
2015	0.80	10.90	60.50	17.20	—	10.70
2016	0.70	10.00	60.20	17.20	—	11.90

资料来源：王竹林．资本要素与农民工市民化能力再造机理研究［M］．经济科学出版社，2016：113；2011 年之后数据来源于各年《全国农民工监测调查报告》。

（2）农民工社会交往固化，缺乏城市社交网络融入能力

农民工的社会关系主要集中在以亲缘、血缘、地缘网络为

纽带的社会关系网络中，这与城市以业缘关系为主的社会网络有较大不同。而社会网络是影响农民工职业地位获得和社会融合程度的重要因素①。从《2016 年全国农民工监测调查报告》中显示（见图 4 – 2），农民工在城市生活中，除家人外，业余时间人际交往以老乡和当地朋友为主，占比 59. 5%；同事占比仅为 22. 2%。农民工业余时间主要是看电视、上网和休息，占比近 90%，参加文娱体育活动、读书看报的占比仅为 10%，参加学习培训的占比更少，仅为 1. 3%。

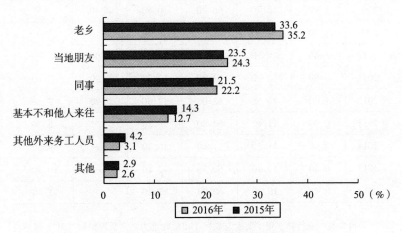

图 4 – 2　农民工业余时间交友选择的情况

资料来源：《2016 年全国农民工监测调查报告》。

①　汤兆云. 新生代农民工的社会网络和社会融合——基于 2014 年流动人口动态监测调查江苏省数据的分析［J］. 江苏社会科学，2017（5）：8 – 15.

（3）农民工社会适应能力弱，心理归属感缺乏

从城市融入本身来看，迁移者由一种生活习惯、生活方式转换为另一种与之不同的生活方式，这本身需要一段行为适应的过程。如果用工作满意度和生活幸福感来衡量农民工的社会适应能力，那么从中山大学2014年CLDS问卷调查数据的反映来看，农民工当前的社会适应能力较弱。从农民工对目前工作满意度来看，只有34.74%的人回答比较满意，50.47%的人回答一般，说明工作和个人能力匹配与其自身预期还有较大差距。从受访者对生活幸福感的回答来看，只有20.87%的人认为比较幸福，大部分农民工认为自己幸福感还比较低（62%）。如果可以从社会等级、定居意愿和交往程度反映农民工城市心理归属感，那么研究发现农民工目前在城市的心理归属感尚显缺乏。从社会等级分布来看，受访者只有38.81%的人处在4级以上，大部分农民工（61.18%）认为自己仅处于较低社会阶层。从在被问及"未来是否回到户口所在地的可能性"时，只有46.95%的人回答非常不可能，而有近53.05%的人不确定是否回到户口所在地生活。从对城市的归属感问题的回答上看，近51.17%的人从不与城市本地人交往，只有9.7%的人回答经常与本地人交往。可见，农民工社会适应能力还很低，城市心理归属感缺乏，大多数人仍停留在农村生活习惯中，对融入地的生活习惯和习俗还处于接受和适应中（见表4-4）。

表4-4 农民工进城行为适应状况

问题	选项	频数	百分比（%）
被访者目前工作的整体满意度？	非常满意	32	4.98
	比较满意	223	34.74
	一般	324	50.47
	不太满意	54	8.41
	非常不满意	9	1.40
被访者生活是否幸福？	非常幸福	110	17.13
	比较幸福	134	20.87
	一般	154	23.99
	不太幸福	183	28.50
	很不幸福	61	9.50
被访者目前认为自己处在哪个等级？	1级及其以下	107	16.74
	2级	168	26.29
	3级	116	18.15
	4~5级	176	27.54
	5级以上	72	11.27
未来回到户口所在地的可能性？	非常可能	61	9.55
	比较可能	55	8.61
	不确定	144	22.54
	比较不确定	79	12.36
	非常不可能	300	46.95

问题	选项	频数	百分比（%）
被访者与城市本地人的交往情况？	经常	62	9.70
	有时	77	12.05
	偶尔	173	27.07
	从不	327	51.17

资料来源：中山大学．中国劳动力动态调查（CLDS）2014 问卷数据库经整理获得。

4.1.3.3 政治参与能力缺失：政治参与意识淡薄，维权能力弱

随着农民工问题成为学术界和政府的关注热点，我国对农民工的政治权利的关注也日益增多，农民工在城市的政治参与状况也有所改善，如一些农民工当选为全国人大代表或加入工会组织等。但与 2.8 亿庞大的农民工总数相比，他们作为一个特殊群体，其政治参与状况与其地位和要求还很不相称。从制度性政治参与来看，农民工一方面离开农村，长期在城市工作，对农村基层民主选举、参政意识淡漠，毫不关心，经常采取"用脚投票"，退出农村的政治参与体系；另一方虽然进入城市，但是按照正式制度规定，农民工不具有城市选举权，不能直接参与生活地的政治民主选举，且不能以制度化的政治参与渠道融入城市管理和决策中。从参加工会组织的情况来看，由于农民工就业多在非正规部门，所在单位成立工会组织比重

相比较低，因此农民工整体参加工会比重不高，加入工会的农民工占已就业农民工的比重仅为 11.2%。而且在加入工会的农民工中，经常参加工会活动的占比为 21.3%。

农民工虽然属于法律意义上的劳动者，但是在实际的雇佣过程中经常出现基本权益保障不到位的现象。当前，农民工劳动权益保障问题主要表现在劳动合同签订率低、劳动力工作强度大、权益受损法律解决率低等。从劳动时间看，农民工超时劳动情况虽有所好转，但与城市市民相比仍较为严重。农民工日从业（工作）时间超过 8 小时的占比 64.4%，周从业时间超过 44 小时的占比 78.4%，从劳动合同的签订来看，农民工签订劳动合同的比重不高，仅为 35.1%，其中外出农民工签订合同占比 38.2%。从劳动权益受损的解决方式看，农民工主要还是采取与对方协商、向政府相关部门反映、老乡帮忙和法律途径，其中选择法律途径解决的占比仅有 27.2%[1]。

4.2

农民工市民化能力测度及结果分析

在新型城镇化进程中，农民工市民化能力贫困是掣肘市民

---

① 本部分的数据来源：2016 年全国农民工监测调查报告。

化进程的主要障碍。根据市民化能力构成的理论分析，本节从经济融入能力和社会融合能力两个方面，选定 14 个指标测度了农民工市民化能力水平，并分析了造成农民工市民化能力不足的主要原因，明确了农民工市民化能力提升在市民化推进中的重要性。

4.2.1　农民工市民化能力指标体系构建

参考李练军（2015）[①] 利用层次分析法（AHP）和德尔菲专家咨询法构建的市民化能力综合指标体系，本书建立了由 2 个一级指标（经济融入能力和社会融合能力）、5 个二级指标和 14 个三级指标组成的农民工市民化能力综合评价指标体系。

4.2.1.1　经济融入能力 A_1

这一指标主要反映农民工进入城市，并跨越市民化经济门槛的能力，包括 2 个二级指标和 6 个三级指标。

从城市就业能力定义来看，主要是指农民工为获得技能和

[①]　李练军通过层次分析法（AHP）和专家打分法确定了农民工市民化各评价指标相应的权重。本书借鉴了该研究方法，主要从经济融入能力和社会融合能力两个方面对市民化能力进行测度，由于数据获取较难，这里剔除了农地退出补偿能力的测度。

动力支持而搜寻和保持现有工作，并因环境变化而实现职业转换所具备的能力。根据数据的可获取性，本书选取受教育程度和获取信息渠道代表工作搜寻状况；选取获取工作时间和保持工作的时间衡量工作保持和转换的状况。受教育程度是指农民工最高受教育程度，按照小学以下、小学、初中、高中、大专及以上分五档赋值。获取信息渠道按照农民工城市就业信息提供来源分城市亲友为主、农村亲友为主、自己招聘获得分三档赋值。保持工作时间是按农民工在城市就业及变换工作需花费的时间衡量，由于数据难获取性，本书选取访问者为掌握目前工作所需要的主要技能所花费的时间来衡量，按照 1 个月以内、1~3 个月、4~12 个月、1~3 年、3 年及以上五档赋值。获取工作的时间用农民工进城打工经历的时间来衡量，按照不足 1 年、1~3 年、3~5 年、5 年以上四档赋值。

从城市获取收入能力定义来看，主要指农民工在城市就业获得的劳动收入减去城市生存成本后还能剩余一部分收入的能力。由于农民工在城市获取的劳动收入主要以工资收入为主，可以用农民工的工资收入来代表。本书采用农民工的月收入来衡量，即用受访者过去一年的工资总收入除以工作时间（按月份）来衡量。由于农民工城市生存成本数据较难获取，而住房是农民工的主要生存成本支出，因此本书利用受访者在城市的住房类型来间接反映农民工的生存成本，按照工棚及其他、单位包吃住、租房、自购房四档赋值。

4.2.1.2　社会融合能力 A_2

这一指标主要反映农民工进入城市在生活方式、价值观念和社会心理认同等方面的融合过程和状态，包括 3 个二级指标和 8 个三级指标。

从行为适应能力定义看，主要指农民工对城市就业和生活方式的认同和幸福感表现，包括工作满意度和生活幸福感 2 个二级指标。工作满意度是按照受访者对当前工作的整体满意程度来按照非常满意、比较满意、一般、不太满意和非常不满意五档赋值。生活幸福感是按照受访者对当前城市生活的满意程度来按照非常幸福、比较幸福、一般、比较不幸福、很不幸福五档赋值。

从心理认同能力定义来看，主要是指农民工对城市融入的一种心理感知和自我归属感评价，包括社会公平、社会等级、交往对象和定居本地意愿。社会公平用受访者对生活水平与自己的努力程度比较来按照完全公平、比较公平、差不多、比较不公平、完全不公平五档社会等级采用受访者对目前自己所属社会阶层等级的评价来测度，由低到高划分为十个等级，本书分五档赋值。社会交往对象采用受访者与本地人交往程度来按照从不、偶尔、有时、经常四档衡量。农民工是否愿意定居本地反映了其对工作地的一种自我归属感评价，采用农民工是否愿意回到户口所在地定居的可能性来按照非常愿意、比较愿意、不确定、比较不愿意、非常不愿意五档赋值。

从政治参与能力定义来看，主要是指农民工城市融合过程中应当具有的政治参与、政治意愿的表达和选择、群体权益的矫正和维护的能力。根据数据的可获取性，本书选取工会参加和投票选举参与两个指标衡量。工会参加按照农民工当前是否参加工会分为已参加、未参加两档赋值。投票选举按照农民工是否参与城市或农村的民主选举分为已参与、未参与两档赋值。

4.2.2　数据的选取与测算方法

4.2.2.1　数据的选取

本研究所使用数据来源于 2014 年中国劳动力动态调查（CLDS）。CLDS 全国基线调查样本覆盖全国 29 个省区市（自治区、直辖市）、401 个村居、14226 户家庭、21086 个个体，样本覆盖范围较广，具有较强的代表性。从 CLDS 问卷内容上来看，选取的劳动对象年龄为 15 ~ 64 岁，调查的主要内容包括受教育程度、就业状况、劳动权益问题、职业流动与保护、健康、职业满足感和幸福感等。结合本研究的需要，分别在数据库中剔除非农业户口的劳动者（这里原来是农业户口，现在为居民户口的不予剔除）、农业户口中未迁移并仍从事农业生产经营的劳动者。这样，样本中剩余 1130 份农民工样本数据，剔除不合格样本，有效问卷 1068 份，有效率为 94.51%。样本总体覆盖 26 个省区市（直辖市），具有一定代表性。

4.2.2.2　测算方法

本书采用主成分分析法①和百分位数法②确定市民化能力各指标测度权重和标准值。首先，根据百分位数法按照 100%、75%、50%、25% 和 0% 来划分五个分位置，并分别赋值为 1、0.75、0.5、0.25 和 0，所有赋值均在 0~1 之间确定③；其次，采用 Stata13.0 对三个层级指标分别进行主成分分析，并进行 KMO 检验，最终确定各指标权重（见表 4-5）。

---

① 主成分分析也称主分量分析，是霍特林（Hotelling）在 1933 年首先提出的，通过利用降维的思想，在损失较少信息前提下把多个指标转化为较少的综合指标。

② 百分位数法是统计学术语，是指将一组数据从小到大排序，然后计算相应的累计百分位，则其中一百分位所对应数据的值称作这一百分位的百分位数。百分位数法是确定指标测度标准值的一种常见方法，通过以某些特定的百分位数值的方式来划分评价等级，并赋予适当的分值。

③ 本书对变量的赋值方法参考了李练军、潘春芳利用江西省数据对中小城镇新生代农民工能力测度方法。

表 4－5　　　　农民工市民化能力综合测量指标体系

一级指标 （权重）	二级指标 （权重）	三级指标 （权重）	指标具体测算
经济融入 能力 A_1 （0.51）	城市就业 能力 B_1 （0.53）	受教育程度 C_1 （0.31）	大专及以上＝1；高中＝0.75；初中＝0.5；小学＝0.25；小学以下＝0
		获取信息渠道 C_2 （0.26）	城市亲友为主＝1；农村亲友为主＝0.5；自己招聘获得＝0
		保持工作时间 C_3 （0.23）	36 月及以上＝1；12～36 月＝0.75；3～12 月＝0.5；1～3 月＝0.25；1月以下＝0
		获取工作时间 C_4 （0.20）	5 年以上＝1；3～5 年＝0.75；1～3年＝0.5；1 年以下＝0；
	获取收入 能力 B_2 （0.47）	月总收入 C_5 （0.51）	4000 元及以上＝1；3000～4000 元＝0.75； 2000～3000 元＝0.5；1000～2000 元＝0.25；1000 元以下＝0
		住房类型 C_6 （0.49）	自购房＝1；租房＝0.75；单位包住＝0.5；工棚及其他＝0；
社会融合 能力 A_2 （0.49）	行为适应 能力 B_3 （0.46）	工作满意度 C_7 （0.63）	非常＝1；比较＝0.75；一般＝0.5；不太＝0.25；非常不＝0
		生活幸福感 C_8 （0.37）	非常＝1；比较＝0.75；一般＝0.5；比较不＝0.25；很不＝0
	心理认同 能力 B_4 （0.34）	社会公平 C_9 （0.31）	完全＝1；比较＝0.75；差不多＝0.5；比较不＝0.25；完全不＝0
		社会等级 C_{10} （0.27）	5 以上＝1；4～5＝0.75；3＝0.5；2＝0.25；1＝0

续表

一级指标 （权重）	二级指标 （权重）	三级指标 （权重）	指标具体测算
社会融合 能力 A_2 （0.49）	心理认同 能力 B_4 （0.34）	社会交往 C_{11} （0.22）	经常 = 1；有时 = 0.75；偶尔 = 0.5； 从不 = 0
		定居本地意愿 C_{12}（0.19）	非常 = 1；比较 = 0.75；不确定 = 0.5； 比较不 = 0.25；非常不 = 0
	政治参与 能力 B_5 （0.20）	工会参加 C_{13} （0.51）	已参加 = 1；未参加 = 0
		民主选举参与 C_{14}（0.49）	已参加 = 1；未参加 = 0

注：月总收入主要以工资收入为主，参照 2014 年全国平均城镇职工月工资水平划分各档边界值。住房类型划分标准参考李练军的分档赋值标准，结合中山大学 CLDS 数据库信息，把单位包住加入其中，间接反映住房情况。

最后，结合百分位数法计算得出各样本的市民化能力值，并进行统计描述性分析得到表 4 – 6。从样本总体平均值来看，农民工受教育程度处于初中水平，获取就业信息的渠道以农村亲友提供为主，为掌握目前工作所需要的主要技能所花费的时间一般为 1 ~ 3 个月，非农工作经历大约为 3 年，月总收入为 3000 元左右，城市住房类型以包吃住为主。从农民工总体对城市工作和城市生活的评价来看，工作满意度一般，生活比较幸福，社会公平差不多，社会等级为三级，与城市人偶尔交往，定居本地的意愿较高，工会参与较少，民主选举参与度很低。

表 4 – 6　　　农民工市民化能力各指标统计性描述分析

Variable	Obs	Mean	Std. Dev.	Min	Max
受教育程度	1068	0.4377	0.2814	0	1
获取信息渠道	1068	0.4167	0.4485	0	1
获取工作时间	1068	0.2390	0.2144	0	1
维持工作时间	1068	0.5220	0.2593	0	1
月总收入	1068	0.6376	0.3425	0	1
住房类型	1068	0.6032	0.2549	0	1
工作满意度	1068	0.5787	0.1815	0	1
生活幸福感	1068	0.7285	0.2732	0	1
社会公平	1068	0.5522	0.2457	0	1
社会等级	1068	0.5712	0.3159	0	1
社会交往	1068	0.4008	0.2259	0	1
定居本地意愿	1068	0.6433	0.3513	0	1
工会参加	1068	0.0309	0.1731	0	1
民主选举参与	1068	0.0833	0.2765	0	1
城市就业能力	1068	0.4034	0.1704	0	1
获取收入能力	1068	0.6208	0.2650	0	1
行为适应能力	1068	0.6341	0.1699	0	1
心理认同能力	1068	0.5358	0.1508	0	0.9350
政治参与能力	1068	0.0566	0.1635	0	1
经济融入能力	1068	0.5056	0.1568	0.0305	0.9059
社会融合能力	1068	0.4852	0.1133	0.0536	0.8477
农民工市民化能力	1068	0.4956	0.1036	0.1426	0.7837

　　资料来源：中山大学．中国劳动力动态调查（CLDS）2014 年问卷数据库经整理获得。

本书以得分 0.4 与 0.6 为分界点，将市民化能力分为低、中、高三类①，采用 Stata13.0 测度，结果详见表 4-7。

表 4-7 农民工市民化能力分类测度结果 单位：%

	平均值	低市民化能力 ($Y \leqslant 0.4$)	中市民化能力 ($0.4 < Y < 0.6$)	高市民化能力 ($Y \geqslant 0.6$)
A_1	0.5056	24.34	46.91	28.75
A_2	0.4852	21.07	64.14	14.79
Y	0.4956	16.57	67.70	15.73

注：A_1 为经济融合能力，A_2 为社会融合能力，Y 为农民工市民化总能力。

4.2.3 测度结果分析

（1）市民化能力处于中等偏下水平，总体偏低

根据测度结果显示，农民工总体市民化能力平均值为 0.50。其中，低市民化能力占 16.57%，中等市民化能力占 67.7%，高市民化能力占 15.73%。农民工市民化能力总体处于中等水平，市民化能力不足是农民工市民化推进的主要制约因素。

---

① 对农民工市民化能力测度结果的分界点设置，参考了李练军对江西省农民工市民化能力测度时采用的标准。

（2）从市民化能力分类来看，经济融入能力不足是主要障碍

在新型城镇化的推进过程中，人的城镇化居于核心地位。农民工是农民工市民化的主体，在市民化推进中理应居于核心地位。从测度结果来看，具有高经济融入能力的农民工占比较低，仅为28.75%，中等经济融入能力占比还不到50%，说明农民工经济融入能力严重不足，大部分农民工难以实现市民化。从社会融合能力看，仅有14.79%的农民工具有高社会融合能力，大部分农民工尚处于中等社会融合能力水平，加速推进农民工的社会融合能力有利于提升其总体的市民化能力水平。

（3）从农民工市民化能力维度来看，发展极不平衡

虽然从总体来看，农民工市民化经济融入能力和社会融合能力均达到中等水平，但是农民工的社会融合能力（0.4852）低于经济融入能力（0.5056）。从市民化能力各维度分布来看，经济融入能力中等以上水平占比为75.66%，说明大部分农民工具有一定的城市进入能力，但是在城市生活质量能够达到与城市市民相同标准的农民工占比只有28.75%，大部分农民工还处于半市民化状态。社会融合能力是农民工在城市实现永久定居的保证。从测度结果来看，社会融合能力水平总体低于经济融入能力，主要源于农民工的政治参与能力普遍较低。从各维度来看，高社会融合能力水平占仅为14.79%，而中等市民化能力占比较大为64.14%，这说明随着公共服务均等化的推

进，农民工的社会融合能力有所提升，但是在政治参与能力方面较弱。

4.3
农民工市民化成本测算及分担机制

既然市民化能力是掣肘农民工市民化进程的关键，那么有必要对当前我国的农民工市民化能力总体状况进行测度与评价。为了全面、准确地把握总体情况，测度工作应该包括两个方面：一方面是构建市民化能力综合指标体系，利用调查数据进行总体测度（这已在 4.2 节中完成）；另一方面是通过对市民化成本与收益的比较，间接反映农民工市民化能力状况。本节重点从市民化成本测度与分担视角来反映当前农民工市民化能力状况，并为后续研究提供基础。

4.3.1　农民工市民化总成本构成

在经济学中，成本是指在经济运行中所要投入的生产要素的货币支出，包括显性成本和隐性成本。如果考虑到资源稀缺性，成本应包括机会成本概念。也就是说，一个社会所获得的一定数量的产品收入，是以放弃同样的经济资源来生产其他产品时所能获得的收入为代价的。在政治经济学中，成本是指资本家在生产过程中所耗费的生产资料转移价值和劳动者所创造的价值的货币表现。

农民工市民化总成本是一个广泛的范畴，是指农民工市民化前后在职业、社会身份、生活方式等转型的所有花费之和。如果我们缺乏清晰准确的农民工市民化成本的测度，就会导致政府、企业、农民工个人难以进行系统的规划和有效的分工，各相关利益主体之间难以构建合理的成本分担机制。

4.3.1.1 私人成本

私人成本是指个人因从事某一经济活动所应支付的成本。农民工市民化的私人成本是农民工在实现由农民工到市民的身份、职业、生活方式转变中个人需要支付的费用。主要包括城市生存成本、城市融合成本和城市发展成本三个方面。

（1）城市生存成本

城市生存成本是指农民工从农村退出进入城市生活，为了维持自身基本生存需要较之市民化之前改变所花费的支出，主要包括生活成本和居住成本。这里生活成本是指，农民工为了维持自身在城市生活而购买产品和服务以满足基本的生理需求、生命延续所花费的较之市民化前的支出，主要包括农民工用于食品、衣着、家庭设备用品和相关服务、医疗保健、交通和通信等方面的支出。居住成本是指，农民工在城市居住所花费的较之市民化之前的成本支出，主要包括房租、装修费、物业费、水电煤气费等。

（2）城市融合成本

城市融合成本是指农民工进入城市以后，实现公共服务均等化所需个人支付的较之市民化之前改变所花费的支出，主要包括个人的社保支出和农民工放弃土地的机会成本。个人的社保支出是指，农民工进城市生活用于缴纳与城市市民同等社会保障资金而较之市民化之前所花费的支出。本书选取社会保障支出中最主要的三类保险：基本养老保险、基本医疗保险和失业保险。土地对于公共服务均等化尚未全覆盖的农民工群体来说，是相当于一种社会保障资本而存在的。农民工实现市民身份的转变相伴随的是对农村土地的放弃，显然这也可以理解为农民工城市融合的一种成本支出。因此，放弃土地的机会成本可以理解为农民工因放弃农地而较之市民化之前所花费的成本支出，如农林牧渔经营纯收入、转移性收入、集体再分配收入等。

（3）城市发展成本

城市发展成本是指农民工进入城市后，为了缩小与城市市民的"能力"差距，在教育、文化、住房、社会交往等方面所花费的支出，主要包括智力成本、住房成本和社会交往成本。这里的智力成本，是指农民工为提高自身和随迁子女文化水平、职业素质而较市民化之前改变所花费的支出。住房成本是指农民工实现永久性迁移所需购买的城市住房所花费的支出，这是农民工市民化实现的标志之一。社会交往成本反映了农民工由乡村"朋友圈"向城市"朋友圈"的转变。本书把农民工为建设、维持和发展城市社会网络而较市民化之前所花费的支出定义为农民工社会交往成本，如城市社交费用、寄回和带给老家的现金、赠送亲友的现金等。

4.3.1.2 公共成本

农民工市民化的公共成本是指为农民工进城生活并获得与城市市民同等公共服务和社会福利水平需要花费的成本支出，主要包括为农民工市民化需要投入的新增公共基础设施支出、公共管理支出、教育财政支出、住房保障支出、社会保障与促进就业支出等。

（1）公共基础设施成本

公共基础设施成本指政府为保障与改善新增市民物质文化生活而在城市基础设施方面较之市民化之前所增加的支出，这里不包括房地产投资的成本花费。公共基础设施作为一种准公共产品，主要是由政府财政支持修建完成的，是为广大公众设置的，具有全民共享非排他的特征，如医疗机构、教育机构、交通运输，机场，港口，桥梁，通信，水利和城市供排水供气、供电设施等。

（2）公共管理成本

公共管理成本是指政府为保障新增市民在公共管理活动中所产生的直接消耗和间接消耗所花费的较之市民化之前增加的支出，如政府花费的公共服务财政支出、公共安全财政支出和城镇节能保护财政支出。

（3）新增义务教育成本

教育支出是一个国家用于国民教育方面的全部财政开支。新增义务教育成本是中央财政和地方财政为新增市民的随迁子女在义务教育阶段较之市民化之前增加的支出。目前我国国家财政性教育经费占 GDP 的比例保持在 4% 以上。

（4）社会保障成本

社会保障成本包括住房保障成本和社会保障与促进就业成本。住房保障成本，是指政府为新增市民在城市保障性住房方面相比市民化之前所应增加的花费。社会保障与促进就业成本，是指中央政府在市民化进程中为农民工缴纳社会保障、医疗保险、技能培训所较之市民化之前增加的支出。

4.3.1.3　企业成本

农民工市民化的企业成本是指农民工进入城市成为市民后应当享有的与城市市民同等的劳动报酬及技能培训所花费的支

出。这里的劳动报酬是指企业在生产过程中支付给劳动者的货币工资、实物报酬和社会保险等。农民工市民化的企业成本主要包括技能培训成本、企业社保成本、反工资歧视成本三个方面。

（1）技能培训成本

技能培训成本是指农民工进入城市成为市民后，企业应当为其缴纳与城市市民同等的技能培训花费。按照《中华人民共和国劳动法》相关规定，企业应当建立职业培训制度，并按照国家规定的标准提取和使用职业培训经费，并结合本单位实际情况，有计划地对劳动者进行职业培训。

（2）企业社保成本

企业社保成本是指农民工进入城市成为市民后，企业在社会保险基金筹集过程中按照规定为农民工向社会保险管理机构缴纳的费用，主要包括养老保险、医疗保险、工伤保险、失业保险和生育保险。

（3）反工资歧视成本

城乡工资预期差异是农民工市民化的动力机制。从现有农民工工资收入来看，由于前期劳动力无限供给阶段，城市企业给农民工的工资收入较低，且工资福利远低于城市市民。新型城镇化进程中，农业劳动力无限供给时代已经结束，城市企业必须改变传统对农民工的工资歧视态度，给予农民工与城市居民同工同酬的工资待遇。因此，反工资歧视成本，就是指企业为改变工资歧视给农民工较市民化之前所增加的支出。

4.3.2　农民工市民化成本测算模型

从现有研究来看，相关学者运用实地调研、抽样调查和实证分析等多种方法对农民工市民化成本进行了测算，分析研究结果相差较大，从人均 0.4 万元到 13.2 万元不等。应该看到，学术界对农民工市民化成本构成、成本测算和成本分担方面的研究取得了较大进展。但是，在市民化的成本测算中尚存在一些不足：一是偏重公共成本测算，对私人成本测算不够细致深入；二是测算新增城市基础设施成本时忽略了对农村公共服务支持的扣减，造成重复计算；三是大多研究仅限于对某一省市某年的研究，没有时间趋势的比较。基于此，本研究在致力于解决上述问题的基础上，基于全国范围来测度 2010~2016 年我国农民工市民化年人均成本及其变化趋势。

4.3.2.1　农民工市民化成本的指标体系构建

考虑到农民工个体之间差别比较大，对农民工范围的确定直接关系到农民工市民化社会成本的准确性。农民工有狭义和广义之分，从狭义上看，农民工主要指外出进城农民工，具有离土又离乡特征的外出农民工；而从广义上看，除了上述外出进城的农民工外，还要加上在本乡镇内离土不离乡的本地农民工。本书研究的主要对象是狭义的农民工范畴，即外出农民工，据资料显示，2017 年中国农民工总量已达到 2.82 亿人，总量持续增加。虽然，外出农民工增速有所回落，但仍在农民工总量中占较大比重（60%）（见图 4 - 3）。

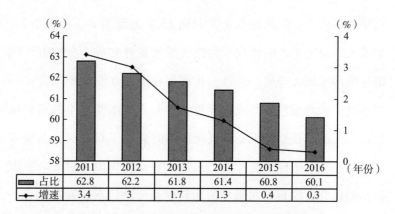

（%）	2011	2012	2013	2014	2015	2016（年份）
占比	62.8	62.2	61.8	61.4	60.8	60.1
增速	3.4	3	1.7	1.3	0.4	0.3

图 4 - 3　外出农民工增速及占农民工总量的比重

资料来源：国家统计局 . 2016 年农民工检查调查报告 ［R/OL］. http：//www. stats. gov. cn/tjsj/zxfb/201704/t20170428_1489334. html，2017 年 4 月 28 日.

根据 4.3.1 中关于农民工市民化成本构成的分析，本书建立农民工市民化的社会总成本模型，如式（4 - 1）：

$$TC = TC_a(C_{pi}, C_{ej}) - TC_b(C_{pi}, C_{ej}) \qquad (4-1)$$

其中，TC 代表农民工市民化的总成本，TC_a 代表农民工市民化之后的总成本函数，TC_b 代表农民工市民化之前的总成本函数。

假设在市场经济条件下，不考虑市民化成本的分担问题，只计算农民工在职业、身份、社会生活等方面完成市民身份的转换所需花费的总成本（见表 4-8）。

表 4-8　　　　　　农民工市民化成本综合指标体系

项目	类型（一级账户）	子成本（二级）	具体内容
农民工市民化社会总成本 TC	私人成本 C_{pi}	城市生存成本 $C_{p1}(t)$	生活成本
			居住成本
		城市融合成本 $C_{p2}(t)$	社保支出
			放弃农地的机会成本
		城市发展成本 $C_{p3}(t)$	智力成本
			住房成本
			社会交往成本
	外部成本 C_{ei}	公共成本 $C_{e1}(t)$	公共基础设施成本
			公共管理成本
			新增义务教育成本
			社会保障成本
		企业成本 $C_{e2}(t)$	技能培训成本
			企业社保成本
			工资歧视成本

注：这里的外部成本是指在市民化进程中，由农民工以外的相关利益主体（主要指政府和企业）来承担他所引起的成本（杜海峰等，2015 和张国胜等，2013）。

4.3.2.2 农民工市民化成本测算模型

本书以农民工市民化过程中所产生的当期人均成本为测算对象，根据成本会计学的产品成本计算分类法①和平行结转分步法②，首先将式（4-1）变形为式（4-2）：

$$TC = TC_a(C_{pi}, C_{ej}) - TC_b(C_{pi}, C_{ej})$$
$$= C_{pi}(TC_a - TC_b) + C_{ej}(TC_a - TC_b) \qquad (4-2)$$

本书在测算成本时，将农民工市民化的总成本与各项子成本均按照年人均成本计算，用来表示市民化之后农民工每人每年按照一个新市民标准所需花费的各项成本总和。假设时间为 t 年，则农民工市民化各项成本测算模型如下：

（1）农民工市民化的私人成本

私人成本由城市生存成本 $C_{p1}(t)$、城市融合成本 $C_{p2}(t)$、城市发展成本 $C_{p3}(t)$ 构成。其测算模型为式（4-3）：

$$C_{pi} = \sum_{i=1}^{3} C_{pi}(t) = C_{p1}(t) + C_{p2}(t) + C_{p3}(t) \qquad (4-3)$$

城市生存成本 $C_{p1}(t)$。先分别求出人均生活成本 L 和人均住房成本 S 的城乡间差额，然后相加求和即为农民工市民化后

---

① 产品成本计算分类法，即以产品分类作为成本计算对象，分类归集费用的一种方法。

② 平行结转分步法，即通过将各生产步骤应计入相同产成品成本的份额平行汇总，求得产品成本的方法。

的城市生存成本，即式（4-4）：

$$C_{p1}(t) = (L_U - L_R) + (S_U - S_R) \qquad (4-4)$$

城市融合成本 $C_{p2}(t)$。城市融合成本包括社保支出和放弃农地的机会成本。其中，个人社保成本主要包括养老保险、医疗保险和失业保险。按照全国基本水平，这三项的缴费比例为职工个人工资的8%、2%和1%。即 $J_n \times 11\%$。其中，J_n 为城镇职工人年均工资收入。放弃农地的机会成本主要包括农村人均纯收入 A_t、人均转移性收入 T_t、人均再分配收入 V_t。综上所述，城市融合成本可表示为式（4-5）：

$$C_{p2}(t) = J_n \times 11\% + A_t + T_t + V_t \qquad (4-5)$$

城市发展成本 $C_{p3}(t)$。城市发展成本包括智力成本、住房成本和社会交往成本。其中，智力成本是城乡人均教育支出之差，即 $P_1 = H_U - H_R$；由于农民工的社会交往成本很难找到对应数据，且社会网络中的社会资源数量不会在市民化后短期剧烈波动，因此本书参照杜海峰（2015）[1] 所使用的2013年深圳市农民工社会交往费用调查数据，按照农民工人均社会交往费占农民工人均收入比例（4%）进行折算，即 $P_2 = I_R \times 4\%$，其中 I_R 表示农民工年人均收入。住房成本被纳入政府保障房范畴

----

[1]　杜海峰，顾东东，杜巍. 农民工市民化成本测算模型的改进及应用 [J]. 当代经济科学，2015（2）：6.

的农民工比重不高，农民工需自行解决城镇住房问题，这也是农民工城市发展的主要成本。本研究按照城镇平均房价 H_m（这里选用房屋竣工造价替代，但是 2016 年数据未获取到，所以 2016 年用 2015 年代替），以人均 $20m^2$ 为标准，其中提取所购住房的首付 30% 为其住房成本，即 $P_3 = H_m \times 20 \times 30\%$。综上所述，城市发展成本可表示为式（4-6）：

$$C_{p3}(t) = P_1 + P_2 + P_3 = (H_U - H_R) + I_R \times 4\% + H_m \times 20 \times 30\%$$

$$(4-6)$$

将式（4-4）、式（4-5）和式（4-6）代入式（4-3），可以得到农民工市民化的私人总成本模型为式（4-7）：

$$C_{pi}(t) = (L_U - L_R) + (S_U - S_R) + J_n \times 11\% + A_t + T_t + V_t$$
$$+ (H_U - H_R) + I_R \times 4\% + H_m \times 20 \times 30\% \quad (4-7)$$

（2）农民工市民化的公共成本和企业成本

一般来说，在市场经济条件下农民工市民化的成本主要由农民工个人来承担，但是我国农业劳动力转移受到非市场力量的干预，农民工并未完全享受到市民化的全部收益，而是被农民工之外的其他群体所分享。因此，必须要对农民工市民化的公共成本和企业进行测算。根据表 4-7 所示，农民工市民化的外部成本可以表示为式（4-8）：

$$C_{ej} = C_{e1}(t) + C_{e2}(t) \quad (4-8)$$

基础设施成本 T_1。由于基础设施是一种准公共品，具有非排他性，无法准确区分是服务城市居民还是市民化人口，因此可以采用市政基础设施占全社会固定资产投资总额比重，再乘以年均固定资产投资的城乡差额来计算，即式（4 - 9）：

$$T_1 = \frac{FF_t}{F}(F_U - F_R) \qquad\qquad (4-9)$$

其中，FF_t 代表市政基础设施投资总额，F 代表全社会固定资产投资总额，F_U 表示城市年均固定资产投资总额，F_R 表示农村年均固定资产投资总额。

公共管理成本 T_2。公共管理成本是由公共服务财政支出、公共安全财政支出和节能保护财政支出三个方面构成。由于从现有统计资料来看，很难获取城乡分开的财政公共管理支出，因此本研究采用全社会财政公共管理支出额 X_t 除以常住人口数量 A_t 近似替代农民工市民化的公共管理成本，即式（4 - 10）：

$$T_2 = \frac{X_t}{A_t} \qquad\qquad (4-10)$$

新增义务教育成本 T_3。按照财政资金的使用范围可以将教育支出划分为教育事业费和教育基建投资两项。教育事业费是当前世界各国教育经费的最主要去向，一般占到政府教育支出的 60% 以上。农民工市民化进程中政府需要增加进城农民工随迁子女的新增义务教育财政支出。由于数据获取较难，本书选用义务教育阶段生均公共财政预算教育事业费和生均公共财政预算公用经费支出的城乡差额的和作为农民工子女义务教育成本，即式 (4-11)：

$$T_3 = (Edu_1 - Edu'_1) + (Edu_2 - Edu'_2) \qquad (4-11)$$

其中，Edu_1 和 Edu'_1 分别代表城乡生均公共财政预算教育事业费，Edu_2 和 Edu'_2 分别代表城乡生均公共财政预算公用经费支出。

社会保障成本 T_4。包括住房保障成本 H_t 和社会保障与促进就业成本 SS_t 两项。按照财政资金支出中的住房、社会保障与就业促进支出再除以城镇人口数量 A_t 计算，即式 (4-12)：

$$T_4 = \frac{H_t + SS_t}{A_t} \qquad (4-12)$$

技能培训成本 T_5。由于长期二元分割的就业制度，农民工在市民化之前企业一般很少给予缴纳技能培训的成本，故可以视为 0。假设城镇职工人均年工资为 TW_t，通过核算城镇职工培训费提取比例来近似计算农民工市民化后的技能培训成本。根据我国《企业所得税法实施条例》的规定，培训经费提取比例为 $\delta = 2.5\%$[①]，即式 (4-13)：

$$T_5 = TW_t \times \delta \qquad (4-13)$$

企业社保成本 T_6。根据 2016 年劳动法关于企业社保缴纳

---

① 杜海峰，顾东东，杜巍. 农民工市民化成本测算模型的改进及应用 [J]. 当代经济科学，2015 (2)：5.

的规定，企业的社保成本应包括养老保险、医疗保险、工伤保险、失业保险和生育保险，计提标准分别为农民工个人工资 J_t 的 12%、8%、2%、1%、1%[1]，即式（4 - 14）：

$$T_6 = J_t \times 24\% \qquad (4 - 14)$$

反工资歧视成本 T_7。由于长期二元劳动力市场，农民工市民化之前企业往往会由于一些歧视因素而少给工人发工资，市民化按照城乡同工、同时、同酬的标准，企业应该支付因取消歧视因素产生的成本。本书借鉴已有研究结论，取工资歧视系数[2]为 $\theta = 0.25$[3]，即式（4 - 15）：

$$T_7 = (TW_t - FW_t) \times \theta \qquad (4.15)$$

其中，TW_t 为城镇职工人均年工资，FW_t 为农民工年均工资。

4.3.3　农民工市民化成本测算及研究结果分析

4.3.3.1　数据选取

本书数据主要来源于《中国统计年鉴》（2011 ~ 2017 年）、

---

① 李小敏等. 我国农民工市民化成本的地域差异 [J]. 经济地理，2016（4）：136.

② 工资歧视系数，是指衡量户籍歧视因素影响城镇单位职工与农民工工资差距的程度指数。

③ 姚先国，赖普清. 中国劳资关系的城乡户籍差异 [J]. 经济研究，2004（7）：89.

《全国农民工监测调查报告》（2010～2017年）、《国民经济和社会发展统计公报》（2010～2017年）、《中国城市建设统计年鉴》（2011～2016年）、中国城乡建设统计年鉴（2010～2016年）、第六次人口普查数据及国家统计局网站资料，具体数据详见表4－9。

4.3.3.2　测算结果及研究结论

根据农民工市民化成本指标体系和相应成本核算模型，本书测算了2010～2016年我国农民工市民化过程中所发生的各项成本花费（见图4－4）。在新型城镇化进程中，农民工市民化总成本逐年呈增大趋势，由2010年的56471元增加到2016年的86327元，年均增长率为7.3%。从各项成本的构成来看，农民工私人成本占总成本比重虽然有所下降，但仍占比较大为54.45%（2016年）。农民工的外部总成本占比接近45%，其中公共成本占总成本的比重有所下降，由25.6%下降到23.25%，这说明政府在推进新型城镇化建设方面起到了一定的作用；企业成本占总成本的比重呈现上升趋势，由17.43%提高到22.3%，说明随着新型城镇化推进，技能培训成本、企业社保成本有较明显提升，由于人口红利衰退，农民工职业选择主动性增强，对工资及其附带的各项福利的要求更加与城市市民相趋同，因此农民工市民化的企业成本有上升趋势。

表 4-9　农民工市民化成本测算样本数据

数据项	2010 年	2011 年	2012 年	2013 年	2014 年	2015 年	2016 年
全国年末城镇户籍人口（万人）	66978.00	69079.00	71182.00	73111.00	74916.00	77116.00	79298.00
全国年末农村户籍人口（万元）	67113.00	65656.00	64222.00	62961.00	61866.00	60346.00	58973.00
城镇单位从业人员数量（万人）	34687.00	35914.00	37102.00	38240.00	39310.00	40410.00	41428.00
城镇固定资产投资（亿元）	205321.50	221014.20	264539.00	314005.90	364098.70	406672.80	439253.20
农村固定资产投资（亿元）	7923.10	8757.80	10996.40	13478.20	16573.80	21042.70	24853.10
基础设施占社会总资产投资比重（%）	4.81	4.47	4.08	3.66	3.17	2.88	2.88
城镇一般公共服务财政支出（亿元）	9337.16	10987.78	12700.60	13755.13	13267.50	13547.79	14790.52
城镇公共安全财政支出（亿元）	5517.70	6304.27	7111.60	7786.78	8357.23	9379.96	11031.98

续表

数据项	2010 年	2011 年	2012 年	2013 年	2014 年	2015 年	2016 年
城镇节能环护财政支出（亿元）	2441.98	2640.98	2963.46	3435.15	3815.64	4802.89	4734.82
城镇教育财政支出（亿元）	12550.02	16497.33	21242.10	22001.76	23041.71	26271.88	28072.78
住房保障财政支出（亿元）	2376.88	3820.69	4479.62	4480.55	5043.72	5797.02	6776.21
社会保障与就业财政支出（亿元）	9130.62	11109.40	12585.62	14490.54	15968.85	19018.69	21591.45
城镇单位从业人员工资总额（亿元）	47269.90	59954.70	70914.20	93064.30	102817.20	112007.80	120074.80
城镇单位职工人均年工资（元）	36539.00	41799.00	46769.00	51483.00	56360.00	62029.00	67569.00
农民工人均年工资（元）	20300.00	24600.00	27500.00	31300.00	34400.00	36900.00	39300.00
城镇居民人均生活支出（元）	10511.70	11904.10	13156.60	13983.50	13336.20	14283.60	15327.60

续表

数据项	2010 年	2011 年	2012 年	2013 年	2014 年	2015 年	2016 年
农村居民人均生活支出（元）	2691. 20	3406. 80	3914. 80	4906. 00	5760. 40	6327. 10	6912. 40
城镇居民人均教育支出（元）	1627. 60	1851. 70	2033. 50	2294. 00	2142. 30	2382. 80	2637. 60
农村居民人均教育支出（元）	366. 70	396. 40	445. 50	485. 90	859. 50	969. 30	1070. 30
城镇居民人均住房支出（元）	1332. 10	1405. 00	1484. 30	1745. 20	4489. 60	4726. 00	5113. 70
农村居民人均住房支出（元）	801. 40	930. 20	1054. 20	1233. 60	1762. 70	1926. 20	2147. 10
人均农林牧渔业经营纯收入（元）	2832. 80	3222. 00	3533. 40	3793. 20	4237. 40	4503. 60	4741. 30
农村人均转移性纯收入（元）	452. 90	563. 30	686. 70	784. 30	1877. 20	2066. 30	2328. 20
农村人均财产性净收入（元）	202. 30	228. 60	249. 10	293. 00	222. 10	251. 50	272. 10

续表

数据项	2010 年	2011 年	2012 年	2013 年	2014 年	2015 年	2016 年
房屋竣工造价（元/平方米）	2373.00	2498.00	2643.00	2816.00	3054.00	3039.00	
0~14 岁人口（万人）	22259.00	22164.00	22287.00	22329.00	22558.00	22715.00	23008.00
城市生均公共财政预算教育事业费（元）	9226.40	11507.90	14266.00	16160.10	18040.40	20943.50	22973.90
农村生均公共财政预算教育事业费（元）	8699.30	10971.80	13924.20	16050.70	17115.70	19925.50	21723.40
城市生均公共财政预算公用经费支出（元）	2344.20	3411.30	4520.90	5052.20	5362.60	5795.40	6172.90
农村生均公共财政预算公用经费支出（元）	2210.50	3239.60	4345.50	4941.90	5017.40	5339.10	5659.40

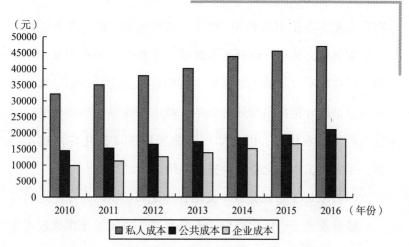

图 4 – 4　2010 ~ 2016 年农民工市民化各项成本分布

资料来源：根据表 4 – 9 数据计算得出。

　　本书计算得出 2010 ~ 2016 年农民工市民化年人均总成本为 71638 元（见表 4 – 10），其测算结果位于张国胜与傅晨的测算结果之间。通过细化各项成本指标，考虑到成本逐年变化的规律，利用 2010 ~ 2016 年相关统计数据计算得到的市民化年人均成本更能逼近成本的真实值。从测算结果看，主要反映出以下几个方面的特征：

　　（1）农民工市民化的私人成本高昂

　　从测算结果看，农民工市民化年均私人成本占总成本比重为 56. 12%。其中生活成本、社保支出成本、放弃农地机会成本和住房成本占比较大。特别是住房成本年人均为 16682 元，在私人成本占比中达到 41.49%, 这和预期一致。由于长期二元分割制度, 虽然户籍制度的改革一定程度上消灭了显性户籍墙, 但是城乡二元的土地制度, 特别是二元土地价格, 都使得农民工难以分担高昂的住房成本, 城市保障性住房提供又难以完全提供给农民工, 因此如何解决农民工市民化住房成本问题, 是农民工市民化稳步推进的关键之一。

（2）农民工市民化成本支出在短期和长期都将存在

随着农民工市民化进程的不断推进, 农民工市民化成本支出也会发生动态的变化, 其测算的结果也会受到市民化人数、区域、年龄、时间等因素的影响和限制。因此, 农民工市民化诸成本不可能一次性集中投入, 也不会在短期一次性集中消费。从短期来看, 农民工市民化过程中子女教育和保障性住房支出是市民化初期的主要花费, 这部分费用主要花费在农民工进城的前几年。对于农民工来说, 成为市民后就应享有与城市市民同等的社会福利, 如城市基础设施、公共管理服务、低保、医疗救助、妇幼保健费等, 这些需要农民工从成为市民开始就要支出, 且是伴随农民工一生的支出。在新型城镇化推进过程中, 农民工已经享受到部分公共服务, 且公共服务具有边际成本递减, 规模效应不断增加的特点, 公共成本未来新增支出占比较为有限, 并不会成为农民工市民化的主要障碍。从远期来看, 农民工退休以后按照当前的养老金发放办法, 以 2016

年农民工平均年龄 39 岁为基础，退休年龄为平均 60 岁为准，则需等到 21 年后政府才对个人的养老金进行发放补贴，因此农民工市民化的公共成本短期支出压力不是很大。

（3）农民工市民化的社会保障成本和住房成本是市民化的主要支出

农民工市民化是人口城镇化的主要内容，实现公共服务均等化是新型城镇化的核心。2016 年，我国进城农民工中，租房居住的农民工占 62.4%，购房的农民工仅占 17.8%，进城农民工人均住房面积为 19.4 平方米，其中人均住房面积在 5 平方米及以下的农民工占 6%。农民工市民化城市融合过程中，社会保障和住房成本是两项重要且占比较高的支出，这也是很多农民工止步于市民化的主要原因。当前，我国农民工群体的主要收入来源还是以工资收入为主，这与城市市民的资本或财产收入有较大差距。因此，农民工仅以工资收入来支付社会保障成本和住房成本是难以承受的。

（4）农民工市民化中企业成本占比不容小觑

企业应该说是农民工市民化的最大受益者之一。我国长期的人口红利和全球化红利为企业生产创造了巨大的收益。新型城镇化以来，我国传统的这两大红利开始衰退，中国经济已经迈入刘易斯转折点，企业生产所需的廉价劳动力成本优势已经丧失。当农民工进入"用脚投票"的劳动力雇佣时代后，农民工权益保障越来越重要,从农民工市民化的企业成本支出来看,企业社保成本和反工资歧视成本占比较大,也在一定程度上说明了这一问题。2016 年,农民工超时劳动情况虽有所改善,但日从业时间超过 8 小时的仍占比 64.6%。与企业签订劳动合同的农民工占比仅为 35.1%,说明农民工的社会保障和权益保护仍是市民化的主要问题之一。

表 4 – 10　　　2010 ~ 2016 年全国农民工市民化年度人均成本构成

成本类型 （一级）	成本类型 （二级）	成本类型 （三级）	市民化成本 （元/人·年）	占总成本 比重（%）
私人成本	城市生存成本	生活成本	8369	11.68
		居住成本	1491	2.08
		合计	9860	13.76
	城市融合成本	社保支出成本	5623	7.85
		放弃农地机会成本	5334	7.45
		合计	10957	15.29
	城市发展成本	智力成本	1483	2.07
		社会交往成本	1224	1.71
		住房成本	16682	23.29
		合计	19389	27.07
	合计		40207	56.12

成本类型 （一级）	成本类型 （二级）	成本类型 （三级）	市民化成本 （元/人·年）	占总成本 比重（%）
外部成本	公共成本	公共基础设施成本	10626	14.83
		公共管理成本	3276	4.57
		新增义务教育成本	954	1.33
		社会保障成本	2639	3.68
		合计	17495	24.42
	企业成本	技能培训成本	1295	1.81
		企业社保成本	7347	10.26
		反工资歧视成本	5295	7.39
		合计	13937	19.45
	合计		31432	43.88
农民工市民化年度人均总成本			71638	1.00

资料来源：经表 4 - 9 数据计算整理获得。

4.3.4　利益相关者视角下农民工市民化成本分担机制

4.3.4.1　农民工市民化成本的分担主体：基于利益相关者分析

利益相关者是指与项目有利益关系，并对项目成败具有影响的个人、集体或组织机构。按照利益相关者理论分析，农民工、中央政府、地方政府与企业作为不同的"经济人"和利益主体，具有追逐各自利益（不一定全是财富）最大化的本质属性①。农民工市民化的进程不只是利益分割机制的重新形成过程，同时也是各利益主体重新划分利益格局与寻求再平衡的过程②。

（1）中央政府

中央政府担负着制度设计与顶层政策规划，通过有效地利用一国总体的资源，实现国家利益和社会利益的最大化的长期目标。改革开放40年来，一代又一代农民工为国家创造了巨大财富，但同时农民工却没有彻底融入城市体系之中，不能获得与市民同等的公共福利。作为农民工市民化的政策制定者和主要推动者，中央政府从农民工市民化中获得了巨大的人口红利，据统计，中国每新增市民化人口1000万（700万农民工加上其抚养人口）可使经济增长速度提高约1个百分点③。通过农民工市民化，中央政府可以获得扩大内需、优化产业结构、

---

① 杨云善. 农民工市民化能力不足及其提升对策 [J]. 河南社会科学，2012 (5)：58 – 60.

② 王琛. 基于利益相关者视角农业转移人口市民化研究 [D]. 博士学位论文，中共中央党校，2014：101 – 121.

③ 秦永，汝刚，刘慧. 政府行为对农民工市民化的影响研究——基于博弈论视角 [J]. 南京审计学院学报，2016 (1)：11 – 20.

缩小城乡收入差距等方面的社会收益。

（2）地方政府

在现有的国家治理体系中，地方政府也是科层等级系统中的一个层级，其职位安排特点与利益取向也没有本质不同。但是，在中国的渐进式改革过程中，地方政府承担了双重责任：一方面中央政府任命其为代理人；同时它又要追求自身所在地区的利益最大化。因此，输入地政府担心农民工的流入会对本地就业、公共福利、社会稳定等造成严重冲击，加重本地财政负担，从而可能会形成与中央政策不相一致甚至背道而驰的地方政策。

（3）企业

企业是社会财富的直接创造者，其生产的直接目的是追求最大化利润。农民工是企业生产最重要的生产资料，企业生产必须要支付农民工一定的劳动报酬。在农村剩余劳动力无限供给时代，企业是人口红利的受益者，低廉的农民工工资为其赚取了巨大利润，以"同工不同酬"的分配方式在某种程度上削减了农民工的剩余价值。当前，我国刘易斯转折点已经来临，农业剩余劳动力无限供给时代已经结束，企业要想生产与发展，必须在必要的阶段将这部分过高的"获利"返还农民工，依法实现"同工同酬、同工同时、同工同权"，保障农民工的合法权益。

（4）农民工

农民工是市民化的对象，农民工市民化的根本动机是追求自身收益最大化，即其市民化行为取决于边际收益与边际成本的比较。根据中央政府、地方政府和企业的策略选择，农民工有两个策略选择，一是市民化，二是非市民化。农民工选择市民化会给其带来收益的增加，如工资、社会福利、生活质量等的提高，这会驱使农民工选择向市民转变。当然，由于农民工市民化会花费高昂成本，当政府和企业采取鼓励策略时，会为市民化承担更多外部成本，农民工市民化的收益就会增大；反之，农民工市民化的收益会变小，不利于农民工市民化进程的推进。

4.3.4.2 利益相关主体间的博弈分析

博弈论是分析存在相互依赖情况下理性人如何决策的理论工具。研究假定中央政府、地方政府、企业和农民工都是理性人，他们在市民化决策中都遵循自身利益最大化原则，即在自身成本效益权衡下做出有利于自己的选择。根据相关利益者分析，确定中央政府、地方政府、企业和农民工自身是农民工市民化决策的主要参与人。

（1）中央政府与地方政府对农民工市民化成本的分担博弈

中央政府与地方政府既是农民工市民化成本的主要推动

者，也是市民化公共成本的主要承担者。两者在具体分担市民化成本问题上都有着自己的利益考量。中央政府能够从农民工市民化中获得收益，即经济增长的人口红利；地方政府同样能从农民工市民化进程中获得好处，即地方财政收入，且获得预期收益明显大于中央政府。所以，中央政府与地方政府都有责任分担一部分农民工市民化成本，这里主要指公共成本。

中央政府有两种策略选择，采取鼓励策略概率为（n），阻碍策略概率为（$1-n$）。地方政府也有两种策略选择，即推进策略概率为（m），不推进策略概率为（$1-m$）。在该博弈中（见表 4 - 11），中央政府自有收益为 a，如果选择鼓励策略，则需要付出成本 c_1，同时获得收益 π_1，而地方政府自有收益为 b，推进农民工市民化则获得收益为 $\pi_2(\pi_2 > \pi_1)$，同时需分担的成本为 c_2，若地方政府不推进，则中央政府获得收益 $k_1\pi_1(0 < k_1 < 1)$，同时中央政府承担的成本 $c_3(c_3 > c_1)$，而地方政府受益于中央政府获得收益 $k_2\pi_2(0 < k_2 < 1)$，但不承担市民化成本。当中央政府选择阻碍策略时，它不需要承担农民工市民化的成本，若地方政府推进，也会增加其收益 $k'_1\pi_1(0 < k'_1 < 1)$，若地方政府不推进，那么其收益仅为 0。此时，若地方政府采取推进策略时，其承担的市民化成本较重为 $c_4(c_4 > c_2)$，而地方政府选择不推进策略时，同样也不产生收益。

表 4 − 11　　　中央政府与地方政府对农民工市民化成本分担博弈

中央政府 ＼ 地方政府	推进（m）	不推进（1 − m）
鼓励（n）	$a + \pi_1 - c_1$,　$b + \pi_2 - c_2$	$a + k_1\pi_1 - c_3$,　$b + k_2\pi_2$
阻碍（1 − n）	$a + k'_1\pi_1$,　$b + k'_2\pi_2 - c_4$	a,　b

假设：纯策略随机均衡是最佳选择，中央政府和地方政府能够从任意纯策略中获得期望收益，可以得到一个混合策略纳什均衡，其结果是参与人以某一概率随机地选择某一行动，其获得的期望收益是相同的。

根据上面的博弈矩阵分析，可以得到式（4 − 20）和式（4 − 21）：

$$(a + \pi_1 - c_1) \times m + (a + k_1\pi_1 - c_3) \times (1 - m) =$$
$$(a + k'_1\pi_1) \times m + a \times (1 - m) \tag{4 − 20}$$

$$(b + \pi_2 - c_2) \times n + (b + k'_2\pi_2 - c_4) \times (1 - n) =$$
$$(b + k_2\pi_2) \times n + b \times (1 - n) \tag{4 − 21}$$

由式（4 − 20）和式（4 − 21）解出最优纳什均衡解，即式（4 − 22）：

$$\begin{cases} n = \dfrac{c_4 - k'_2\pi_2}{\pi_2(1 - k_2 - k'_2) + c_4 - c_2} \\[3mm] m = \dfrac{c_3 - k_1\pi_1}{\pi_1(1 - k_1 - k'_1) + c_3 - c_1} \end{cases} \tag{4 − 22}$$

对于地方政府而言，如果 $n > \dfrac{c_4 - k'_2 \pi_2}{\pi_2(1 - k_2 - k'_2) + c_4 - c_2}$ 时，地方政府推进的期望收益大于不推进，最优选择是推进；反之，如果 $n < \dfrac{c_4 - k'_2 \pi_2}{\pi_2(1 - k_2 - k'_2) + c_4 - c_2}$ 时，则地方政府会选择不推进。同样，如果 $m < \dfrac{c_3 - k_1 \pi_1}{\pi_1(1 - k_1 - k'_1) + c_3 - c_1}$ 时，中央政府阻碍的期望收益大于鼓励，最优选择为阻碍；反之，$m > \dfrac{c_3 - k_1 \pi_1}{\pi_1(1 - k_1 - k'_1) + c_3 - c_1}$ 时，中央政府就应该鼓励。

在改革开放初期，由于城市化发展滞后，农业劳动转移人口过剩，地方城市并不缺乏劳动力，这时政府收益并不会因为推进市民化而明显增加，相反其承担的成本却很高，所以地方政府会采取不推进的决策。随着城镇化加速，农民工市民化作为中央政府驱动经济增长新动力，在中央政府鼓励决策下，地方政府最优选择是推进。因为，刘易斯转折点到来，劳动力成本优势逐渐丧失，地方政府迫切需要农民工市民化为企业提供稳定劳动力要素，增加财政收入，另外农民工市民化为地方政府打开了内需，有利于刺激消费和投资，进而增加地方政府的决策收益。

（2）地方政府与企业对市民化成本的分担博弈

地方政府是农民工市民化的政策执行者，也是农民工市民化公共成本的主要承担者。当 $n > \dfrac{c_4 - k'_2 \pi_2}{\pi_2(1 - k_2 - k'_2) + c_4 - c_2}$ 时，地方政府最优策略选择是推进农民工市民化，这符合当前我国新型城镇化战略的现实。当然地方政府推进市民化的策略中也有自己的利益考量，为了降低公共成本的支出，地方政府要求企业和农民工个人必须按照工资总额的一定比例完成社会保险费的缴纳。但往往因为农民工就业的不稳定性和存在信息不对称性问题，政府收费机构和监管机构无法准确获知企业雇佣农民工数量，完全靠企业自行申报，从而难以规避用工单位为节省用工成本的虚报和瞒报等现象，严重侵害了农民工权益和加剧了地方政府的公共支出。那么，地方政府是否会采取严格的监管制度，保证企业完成其承担农民工市民化成本的责任呢？

假设：地方政府有两种策略选择，选择监管概率为 q，花费成本为 c；反之，地方政府选择不监管概率为 $(1-q)$，监管收益为 0。企业也采取两种策略，选择缴费策略概率为 p，缴费支出为 e，收益为 0；反之企业选择不缴费概率为 $(1-p)$，监管罚款为 f，具体的博弈策略收益，见表 4-12。

表 4-12　　地方政府监管机构与企业之间的博弈收益矩阵

地方政府 ＼ 企业	缴费 (p)	不缴费 $(1-p)$
监管 (q)	$(e-c,\ 0)$	$(f-c,\ e-f)$
不监管 $(1-q)$	$(0,\ 0)$	$(0,\ e)$

假设：纯策略随机均衡是最佳选择，地方政府监管机构和企业能够从任意纯策略中获得期望收益，可以得到一个混合策略纳什均衡式（4 – 23）和（4 – 24）：

$$0 \times q + 0 \times (1 - q) = (e - f) \times q + e \times (1 - q) \qquad (4 - 23)$$

$$0 \times p + 0 \times (1 - p) = (e - c) \times p + (f - c)(1 - p) \qquad (4 - 24)$$

我们从式（4 – 23）和式（4 – 24）得到混合策略的纳什均衡解，即式（4 – 25）：

$$\begin{cases} q = \dfrac{e}{f} \\ p = \dfrac{f - c}{e - f} \end{cases} \qquad (4 - 25)$$

在这个策略组合 $\left(\dfrac{e}{f}, \dfrac{f - c}{e - f} \right)$ 上，当 $p < \dfrac{f - c}{e - f}$ 时，地方政府采取最优不监管策略的期望收益大于监管，地方政府最优策略选择不监管；反之，如果 $p > \dfrac{f - c}{e - f}$ 时，地方政府应该选择监管。

同样，对于企业而言，如果 $q < \dfrac{e}{f}$ 时，企业会选择不缴费；反之，如果 $q > \dfrac{e}{f}$ 时，企业最优选择是缴费。当前，在农民市民化过程中，企业往往为了降低生产成本而压低农民工工资和社会保险缴费，由于不依法为农民工缴纳社会保险的收益 e 较大，而被发现不依法缴费可能性又很小，且处罚 f 力度也小，所以选择不缴费的策略是企业的最优选择；对于地方政府而言，由于监管机构选择监管策略的收益获得较小，而付出的监管成本 c 又很大，因此监管机构经常表现为监管不到位，监管意愿不强的态度。

（3）农民工与企业对市民化成本的分担博弈

企业是人口红利的最大收益者，在推动新型城镇化进程中通过为农民工缴纳与城市市民同等的社会保险来分担市民化成本。当劳动力处于无限供给状态时，由于农业转移人口同质性很高，企业在市民化过程中占据了主动地位，农民工地位相对较被动。为了降低企业的生产成本，企业经常以各种理由少缴或不缴社会保险，而农民工为了保住工作，采取忍受的最优策略。当刘易斯转折点来临之后，劳动力无限供给能力下降，人口规模红利向人口质量红利转变，企业雇佣劳动力的成本上升，有时也会出现雇工短缺现象，只有为农民工支付与城市居民一样足额的社会保险和社会福利才能保障生产顺利进行。如果企业提供的社保缴费不足，农民工通过"用脚投票"的方式放弃该份工作，寻找其他工资、社保缴费和福利待遇更高的工作是他们的最优策略（见图4-5）。

因此，在实际的农民工市民化成本的分担过程中，当 $N < N_0$ 时（这里 N 为农民工数量，N_0 为市场均衡时农民工均衡供给量），企业会逃避或少缴社会保险，农民工与城市市民出现

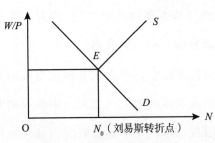

图 4 - 5 劳动力市场均衡模型

注：N 代表劳动力数量，W/P 代表劳动力实际工资水平，S 代表劳动力供给关系，D 代表需求曲线。

同工不同酬、同工不同时、同工不同权的巨大工资福利差异。当 $N > N_0$ 时，企业会主动分担农民工市民化中的社会保险费成本，实现与城镇市民同工同酬、同工同时、同工同权。

4.3.4.3 农民工市民化成本分担机制

从利益相关者博弈分析结果来看，中央政府、地方政府、企业和农民工四者均从市民化进程中分享到了收益。按照"谁获益谁承担"的成本分担原则，农民工市民化的总成本理应由从市民化进程中获益的各利益相关主体来共同分担。

（1）通过矫正各利益相关者主体的行为，分担农民工市民化外部成本

从农民工市民化外部成本的产生来看，根源在于农民工劳

动的制度性贬值与基本权利的缺失①。因此，矫正利益相关者主体的行为可以分担一些外部成本。

在新型城镇化进程中，中央政府和地方政府要成为市民化成本的主要承担者和推动者。一方面，中央政府和地方政府必须明确各自的财权和事权。中央政府应当基于制度层面来做好顶层设计，主要负责跨区域全国统筹部分，比如公共基础设施建设、社会保险缴纳、教育、医疗和住房保障等。地方政府主要是农民工市民化的推动者，主要配合中央政府的制度设计，并根据自身财政收支状况承担公用设施建设和卫生保健服务、就业创新创业指导等地方性事项。另一方面根据农民工跨区域流动特点，制定以输入地政府为主，输出地为辅，中央政府统筹社会资源的多层次市民化成本分担体系，建立农民工市民化专项补助资金，形成"钱随人走""钱随事走"的财政转移支付机制。

企业应当主动分担农民工市民化成本。受传统二元户籍制度影响，农民工在城市就业难以获得平等的劳动报酬。新型城镇化背景下，企业必须严格按照"同工同时、同工同酬、同工同权"的原则，保障农民工享有合理的工资待遇和相应的各项

---

① 张国胜，陈瑛. 社会成本、分摊机制与我国农民工市民化——基于政治经济学的分析框架 [J]. 2013（1）：81-82.

福利。合理分担农民工市民化的反工资歧视成本，复归农民工平等的劳动报酬权。企业按照国家劳动法的严格规定，必须为农民工足额缴纳职工养老保险、医疗保险、工伤保险、失业保险等，从而分担农民工市民化的企业社保成本。同时，有条件的企业应当为员工建设宿舍公寓，建立农民工住房公积金，缓解农民工进城住房成本的压力①。

农民工由于在市民化过程中获得了完全的市民待遇，也需要相应放弃原有居住地的一些权利，如土地经营权等。可以通过建立合理的"农地资本化"或"宅基地转让与置换"等制度来分担农民工市民化的住房成本、社会保障成本等。

（2）通过提高农民工市民化能力来分担农民工市民化私人成本

从农民工市民化成本测度结果来看，农民工市民化私人成本在总成本中占比较大（56.12%）。应该说，农民工是否有能力承担这部分私人成本是农民工市民化顺利推进的关键。由于农民工在城市获得收入渠道单一，主要以工资收入为主，可以把农民工的年工资收入与农民工市民化私人成本相比较发现，二者差距较大（见图4-6），大部分农民工不具备完全市民

---

① 孙正林，佐赫. 农民工市民化成本估算与分担机制 [J]. 学术交流，2016（10）：145-146.

化的能力。

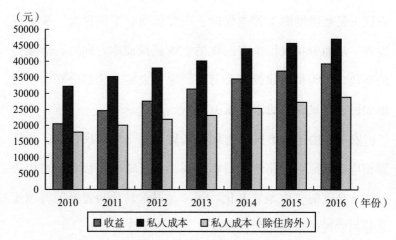

图 4 - 6　2010 ~ 2016 年农民工市民化私人成本与私人收益

资料来源：经表 4 - 9 整理获得。

　　一方面，通过提升农民工市民化经济融入能力来分担农民工的城市生存成本、居住成本、社保支出成本和住房成本。考虑到我国农民工群体的总体经济融入水平不高，仅处于中等偏下水平，即使通过市场机制矫正了政府行为的偏差，农民工也难以与城市市民同等竞争，这主要是农民工与城市市民在长期制度约束下所存在的内在能力有较大差别所致。因此，在新型城镇化进程中，各相关利益主体应不断推进农民工城市就业能力、城市获取收入能力的提升，加快农民工市民化由量到质的转变。

　　另一方面，通过提升农民工市民化社会融合能力来分担农民工市民化私人成本。据本书的测度结果可知，我国农民工群体总体社会融合能力不足，仅为 0.49。其中社会适应性能力中等偏上，而城市心理认同能力中等偏下，政治参与能力最低，仅为 0.06。较低的社会融合能力不仅会加大农民工市民化的城市融入的经济成本，而且难以提升农民工城市融入质量，更不利于农民工在城市的可持续发展。因此，在新型城镇化进程中，各相关利益主体应不断推进农民工城市适应性、心理认同感、政治参与能力的提升，加快农民工市民化由被动市民化向主动市民化转变。

　　农民工市民化总成本分担机制的构建思路见图 4 - 7：

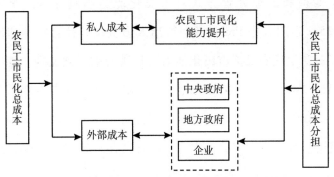

图 4 - 7　农民工市民化总成本分担机制的构建思路

第5章

农民工市民化能力的影响
因素及其计量检验

影响农民工市民化能力的因素有哪些？它们的作用机理是怎样的过程？学者们对市民化意愿方面的影响因素研究较多，对市民化能力方面的影响因素研究较缺乏。如黄锟（2011）利用 Logistic 模型得出性别、受教育程度、外出打工时间、劳动权益保护和土地处置方式对市民化能力影响显著。李练军（2015）运用有序 Probit 模型得出人力资本、社会资本和制度因素对新生代农民工市民化能力有显著影响。刘文列、魏学文（2016）从多维贫困视角发现农民工市民化进程中出现了多维贫困，如经济贫困、权利贫困、精神贫困、文化教育贫困、能力贫困、社会资源贫困等①。现有研究存在选取指标少、测量

---

① 刘文烈，魏学文. 城市农民工多维贫困及治理路径研究 ［J］. 齐鲁学刊，2016（6）：90 - 99.

体系缺乏系统性等不足，难以全面准确反映市民化能力状况。因此，本书从人力资本、社会资本和权利要素等方面来考察农民工市民化能力形成的作用机理，力求从理论上解释农民工市民化能力不足的主要原因。

5.1

人力资本与农民工市民化能力形成

　　人力资本是由人们通过自身的投资而形成的有用的能力所组成，体现为人自身的知识、能力和健康的总和①。贝克尔（Becker，1926）指出，凡是能够增加人的能力并影响其未来货币收入和消费的投资行为，就是人力资本投资。人力资本投资区别于物质资本积累最显著的特征是无形性和投资回收期长，它可以通过对教育、培训、健康营养和卫生医疗等方面的投资来获得。所谓农民工的人力资本是指通过接受教育、参加培训、投资健康与迁移流动等方式而凝结在农民工自身的各种能力的总和②。这些能力在市场经济条件下能够有助于农民工迅速形成应对竞争、克服经济非均衡、获得劳动收益的经济能力。

---

① 舒尔茨. 人力资本投资［M］. 北京：商务印书馆，1975：31.
② 陈昭玖，胡雯. 人力资本、地缘特征与农民工市民化意愿——基于结构方程模型的实证分析［J］. 农业技术经济，2016（1）：37-47.

由于在实际研究中，不同类型的人力资本投资模式具有相互关联性，常常难以区别出哪些收益是迁移所带来的，如许多迁移者在迁移前发生了教育、培训和信息的投资，结果表现出迁移者的文盲率低于城市本地劳动力[①]。因此，本研究重点探讨以教育、培训和健康营养为代表的人力资本对农民工市民化能力的影响。

5.1.1 人力资本是影响农民工收入的最重要因素

根据现有研究来看，人力资本水平是影响农民工收入的最重要的因素。由于个体人力资本存在差异，具有较高人力资本水平的劳动者往往具有较高的生产效率，能够在劳动力市场上获得更好的就业机会和更高的收入（Becker，1964；Schult，1961）。在人力资本构成诸要素中，教育、培训和工作年限被认为是决定农民工收入的最主要因素[②]。也有研究认为，性别、年龄、受教育年限、在本单位的工作时间等因素对流动人口的收入水平具有显著影响[③]。一般来说，农民工的工资收入主要

---

① 吴红宇. 基于人力资本投资的劳动力迁移模型 [J]. 南方人口，2004 (4)：39-44.

② 罗锋，黄丽. 人力资本因素对新生代农民工非农收入水平的影响——来自珠江三角洲的经验证据 [J]. 中国农村观察，2011 (1)：10-19.

③ 刘林平，张春泥. 农民工工资：人力资本、社会资本、企业制度还是社会环境？——珠江三角洲农民工工资的决定模型 [J]. 社会学研究，2007 (6)：114-137.

取决于两个要素，一是农民工个人的边际生产力，二是农民工所处的工作环境，用公式表示为 $W_i = W(h^i, H^i)$。

其中，h^i 是农民工的生产能力，它由人力资本水平决定；如果给定工作环境不变，那么农民工工资取决于其人力资本水平的高低，即 $\dfrac{\partial W_i}{\partial h^i} > 0$；$H^i$ 代表农民工的工作环境质量，它也与农民工所拥有的人力资本水平相关，可以把职业看成是人力资本的具体化。当给定个人生产能力一定情况下，个人收入会随着生产环境的改善而增加，即 $\dfrac{\partial W_i}{\partial H^i} > 0$。因此，有理由相信，农民工的人力资本水平是决定农民工收入的最关键的条件之一。

明塞尔（Mincer，1974）工资方程被广泛应用于各国和各层次的教育收益率的估算中，它是分析人力资本收益率的经典模型。最初 Mincer 的工资方程是用来分析受教育水平与农民工工资收入对数之间的内在关系，即式（5-1）：

$$Lnwage = \alpha + \beta_1 edu + \beta_2 \exp + \beta_3 \exp^2 + u \qquad (5-1)$$

在式（5-1）中，$wage$ 表示工资水平，edu 表示受教育年限，$\exp$ 表示工作经验，β_1、β_2 和 β_3 为系数。该公式反映了教育收益率、工作经验对收入增长的影响。从人力资本的构成要素来看，除受教育年限、工作经验之外，还有诸如性别、年龄、是否接受过培训、每周工作时间、业余文化支出等，这样可以得到扩展的 Mincer 工资方程，即式（5-2）：

$$Lny = \beta_0 + \beta_1 x_1 + \beta_2 x_2 + \beta_3 x_3 + \cdots + \beta_n x_n + \varepsilon \qquad (5-2)$$

在式（5-2）中，Lny 表示农民工工资收入的对数，x_n（x_1，$\cdots$，x_n）表示农民工人力资本构成各要素，β_n（β_1，$\cdots$，β_n）表示影响农民工工资收入增长各因素的待估系数，β_0 表示截距项，ε 为误差项，该方程满足 $\varepsilon \sim N(0, \sigma^2)$ 和 $\mathrm{cov}(\varepsilon_i, \varepsilon_j) = 0(i \neq j)$。

根据上述分析，可以得到人力资本水平→农民工工资收入→农民工经济融入能力→农民工市民化的逻辑关系，明塞尔（Mincer）扩展工资模型为本研究后面的实证分析提供了模型基础。

5.1.2 人力资本是农民工实现城市职业转换的必要条件

当工业化进入以重化工业为中心的阶段之后，使用资本密集高技术的大型企业喜欢通过相对有利的条款长期雇佣受过更好教育的劳动力，以便使对工人技能的投资内部化[1]。而中小企业往往通过雇佣被大型企业的劳动力而专门生产劳动密集型

---

[1] Odaka, T. The Sin of Adam According to Origen [J]. Catholic Studies, 1989 (56)：133-162.

产品。农业中未受教育的劳动力到非农产业时，就像萧条时被解雇的中小企业非熟练工人那样，除了进入二元结构较低层次企业外别无选择①。在二元结构下，传统农业部门和现代工业部门之间存在着技术类别和技术层次的显著差异，较高的文化技术水平是农民工实现职业转换的必要条件②。在托达罗模型中，在城市存在失业的条件下，农民工进城难以获得高工资率，在稳定的城市现代部门就业概率较低。因此，农民工实际上进入城市的工作过程可以分成两个阶段：进城初期，农民工就业部门只能在工资较低的城市非正规部门；进城中后期才能借助于人力资本升级优势在城市正规部门找到稳定性工作。从当前我国农民工发展现状来看，绝大多数农民工不具有技术与管理技能，因此只能成为从事非技术劳动的普通民工。农民工市民化不仅仅是完成职业的转换，更重要的是实现城市的融合，那么，农民工必须要具备在城市获取永久就业的能力。

　　人力资本水平的高低决定着农民工就业信息获取能力、工作搜寻与转换能力以及职业选择的决策能力。根据教育程度甄

---

　　① ［日］速水佑次郎，神门善久．发展经济学——从贫困到富裕［M］．社会科学文献出版社，2009：140 - 142.
　　② 郭剑雄．农业人力资本转移条件下的二元经济发展——刘易斯、费景汉、拉尼斯模型的扩展研究［J］．陕西师范大学学报（哲学社会科学版），2009（1）：93 -102.

别个人生产率作用的假说①，雇主常常利用教育程度来识别高能力雇员，即人力资本有助于提高农民工的城市就业概率。

按照经济学观点，决策是个体或组织在不确定环境下以追求收益最大化为目标进而对稀缺资源和行为方式进行优化配置和合理选择的过程②。通常情况下，决策的执行效果取决于信息充分性或经济均衡程度，而不确定性会加大职业转换的风险。因此，当信息不充分时，经济非均衡程度越发严重，市场机制作用降低，这时决策机制的作用越发凸显。对于农民工个体而言，人力资本决定着其对市民化的预期收益的评估，在家庭经济资源重新配置过程中起决定作用。首先，健康投资可以增强农民工的体能条件，确保其大脑功能和意识细胞的生理活力，从而提供农民工职业决策中的注意力和思考力；其次，教育投资可以增强农民工的智力条件，促进其获得文化、信息、观念和思维方法能力，从而形成农民工城市就业的认知和决策的基础。正式的学校教育体系对无形的人力资本积累来说，是至关重要的制度。根据丹尼森的估计，学校教育通过提高受教育者赚钱的能力对经济增长做出了巨大贡献，而许多微观研究

---

① 根据洛夫的信息不对称假说，受教育程度是劳动者向市场发出的甄别个人生产率的信号，而与劳动力真实的劳动力生产率无关。

② 王竹林. 资本要素与农民工市民化能力再造机理研究 [M]. 北京：经济科学出版社，2016：9 – 16.

也证实了学校教育具有高回报率这一点①；最后，正规教育外的培训投资可以增强农民工的技能条件，促进其获得职业转换的专业化技能，从而提高人力资本的收益率。

根据上述分析，可以得到人力资本水平→城市就业能力→就业概率→农民工经济融入能力→农民工市民化的逻辑关系。

5.1.3　人力资本是促进农民工社会融合的内在价值表现

社会融合是个体之间、群体之间、文化之间的碰撞、交流、适应和接纳的过程，是移民与主流人群通过共享历史经验，相互获得对方的记忆、情感、态度，而最终融合于一个共同的文化生活中的漫长过程②。这其中，移民所具有的人力资本至关重要，显著影响着他们在流入地的生存、生活和发展的状况。尽管经济学家更多关注迁移者的人力资本与收入之间的关系问题，但其研究思路对社会融入的其他维度也具有借鉴意义。受教育程度既是农民工自身人力资本的体现，

---

①　Psacharopoulos, O. Returns to investment in education: A global update [J]. World Development, 1994, 22 (9): 1325 – 1343.

②　Park R. E., Burgess, E W. Introduction to the science of sociology [J]. The Univ of Chigago PR, 1921, 131 (6): 1 – 12.

也是获取其他人力资本外部正效应的重要手段，这直接关系到农民工适应新环境、学习新知识、社会交往及劳动市场上的讨价还价能力。谢桂华（2012）的研究发现人力资本能够促进农民工社会融合，且人力资本水平越高，融入的速度越快①。李录堂（2011）提出信息技术型人力资本是一种新型人力资本概念，它是信息获取能力和网络交流能力与传统人力资本的结合。这种特殊的人力资本通过促进农民工沟通表达能力、社会交往能力和城市适应能力，实现了多层次的社会融合。

行为适应性是一个人综合素质的反映，与其本身的思想品德、知识技能、创造创新能力等密切相关。一般来说，适应能力强的人能够较快地适应新环境、克服困难，从而获得工作上的成功。从人力资本与社会适应性关系来看，往往受教育程度不同的农民工，会在社会交往、困难求助和社区参与等方面表现出显著的差异②。农民工的社会网络由于具有典型的同质性特征，其社会交往形式主要表现为以血缘、亲缘、地缘和业缘为主（占比近80%）。其中只有接受过高中以上的教育程度的

---

① 谢桂华. 中国流动人口的人力资本回报与社会融合［J］. 中国社会科学，2012（4）：103 – 124.

② 杨菊华，张娇娇. 人力资本与流动人口的社会融入［J］. 人口研究，2016（4）：3 – 20.

农民工更可能与城市市民交往，也更可能在城市发展①。因此，人力资本水平是决定社会网络扩展能力的有力手段。

根据上述分析，可以得到人力资本水平→社会适应性→社会交往→社会融合能力→农民工市民化的逻辑关系。把上述三个逻辑关系路径整合在一起，得到人力资本与农民工市民化能力形成机理图（见图 5 - 1）。

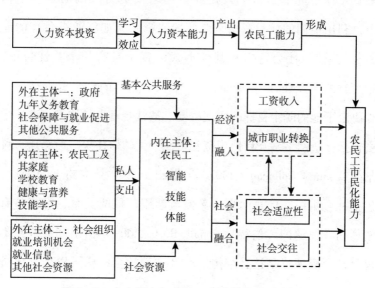

图 5 - 1　人力资本与农民工市民化能力形成机理

---

①　杨菊华. 流动人口家庭化的现状与特点：流动过程特征分析［J］. 人口与发展，2013（3）：2 - 14.

5. 2

社会资本与农民工市民化能力形成

"社会资本"这一概念产生于 20 世纪 80 年代，被广泛运用于社会学、经济学、政治学和管理学等相关研究中。从定义来看，社会资本是指个人在社会网络或更为广阔的社会结构中，利用他们的成员资格来调配稀缺资源（如就业机会）的能力①。当然，社会资本和其他形式的资本具有一个共性特征，就是它的生产性（Coleman）。一个人所拥有的社会资本存量多寡决定了他的既定目标的实现程度。从社会资本的构成来看，主要包括社会网络、互惠性规范和由此产生的信任等。詹姆斯·科尔曼（James Coleman, 2007）② 提出了社会资本的五个维度，包括社会组织、信息网络、义务与期望、权威关系、规范与有效惩罚。罗纳德·伯特（Ronald Burt, 2009）指出社会资本不仅是社会资源更是社会结构，而且这种社会结构可以为其成员

---

① Pertes, RA., Bailey, DR. & Milone, AS. A typical odontalgia-a nondental toothache [J]. Journal of the New Jersey Dental Association, 1995, 66（1）: 29.

② Coleman, J. Observations on Vico as reader of Lucretius [M]. New Vico Studies, 2007: 35 – 52.

带来更多的发展机会①。综上所述，本研究遵循经济学界普遍接受定义：社会资本是指能够通过协调的行动来提高经济效率的社会网络、信任和社会规范②。从社会资本的作用来看，经济学、社会学领域都认为它是全世界经济发展的关键因素，由社会互动所形成的社会关系而产生的互惠合作、共同情感、信任等价值观念是推动社会发展的重要力量。农民工在乡城迁移中，要经历由以"血缘、亲缘和地缘"为纽带的亲情和老乡构成的"强网络关系"向以"业缘、友缘和人缘"为主的同事和朋友构成的"弱网络关系"转化。而这种"弱网络关系"带来的异质性社会资本更有利于农民工获取多元的信息和社会认可，增强农民工市民化能力。

5.2.1　社会资本影响农民工工资收入和职业选择

从社会资本与农民工工资收入形成关系问题来看，现有研究存在的分歧表现在两个方面：一是社会资本对农民工工资收入影响不显著（Mouw，2003；刘林平等，2007；章元、陆铭，

---

① 马红玉. 社会资本、心理资本与新生代农民工创业绩效研究［D］. 博士学位论文，东北师范大学，2016：8.

② Putnam，R. Making democracy work［M］. Princeton：Princeton University Press，1993：31–44.

2009）；二是社会资本对农民工工资收入有显著正向影响（张学志、才国伟 2012；卓玛草、孔祥利，2016；叶静怡、衣光春，2010）。农民工的社会资本可以划分为同质性和异质性两类：同质性社会资本是以熟人为主体，把有共同的邻居、民族、宗教或家庭关系的人整合为紧密的强网络关系体系。农民工进入城市初期，以亲戚、老乡和农民工同事为主的同质性社会资本限制了农民工的社交网络范围。农民工可以利用这种社会资本节省工作搜寻时间和交易成本，但工资增长效应不强；异质性社会资本是基于业缘、趣缘、友缘和人缘关系建构的一种弱网络关系体系。对这种资本的投资不仅可以增强农民工参与集体谈判以获得更多工资的议价能力，而且可以增进农民工与其他群体（城市市民）之间相互学习的工作效能，最终提升农民工的工作绩效和收入水平。

根据职业搜寻理论，参照胡金华博士（2010）的社会网络对农村劳动力外出就业影响模型，建立社会资本对农民工保留工资①影响模型。假设一个典型的农民工属于风险中性，并追求其终身贴现收益最大化。用 $G(w)$ 表示农民工就业的最高工资分布函数，l 表示农民工一生的生命周期，假设农民工城市

---

① 农民工的保留工资是指农民工在城市劳动力市场上寻找工作时，宁愿不工作也不愿意接受自己期望的最低工资水平的工作，即"保留"自己的劳动力。

就业概率为 b，那么离开工作岗位的概率为 $(1-b)$。农民工整个生命周期的就业工资为 $w + bw + b^2 w + \cdots = w/(1-b)$[①]。如果农民工根据保留工资水平来决定接受还是拒绝工作机会，那么只有当农民工认为接受工作与拒绝工作的效用无差异时，农民工才会选择接受。这样，可以得到农民工的保留工资水平，即式（5-3）：

$$w^R = \frac{b}{1-b}\int_{w^R}^{\infty}(w - w^R)G(w)\,\mathrm{d}w \qquad (5-3)$$

由式（5-3）可知，农民工的保留工资高低取决于 $G(w)$ 的分布，它与获取工作的渠道有关。农民工进城获取工作机会的渠道主要有两种：一种是正式渠道，主要发挥人力资本获取工作机会的优势；另一种是非正式渠道，主要通过发挥社会资本优势来获取工作机会，从而得到式（5-4）：

$$G(w) = P_f g_f(w) + P_{nf} g_{nf}(w) \qquad (5-4)$$

其中，P_f 和 P_{nf} 分别表示农民工从正式、非正式渠道获得的工作机会概率；$g_f(w)$ 和 $g_{nf}(w)$ 分别表示正式、非正式渠道得到工作机会的概率分布。由于社会资本只对非正式渠道的工作机会产生影响，因此农民工从两种渠道获得就业的概率为式（5-5）和式（5-6）：

---

① 胡金华. 社会网络对农村劳动力外出就业的影响研究 [D]. 博士学位论文，南京农业大学，2010：95-96.

$$P_f = \alpha_1 P_{hc} + \beta_1 \qquad\qquad (5-5)$$

$$P_{nf} = \alpha_2 P_{hc} + c P_{sc} + \beta_2 \qquad\qquad (5-6)$$

其中，P_{hc} 和 P_{sc} 分别是从正式人力资本、非正式的社会资本渠道获得就业概率，α_1、α_2 和 c 分别是获取工作就业概率，β_1 和 β_2 是影响农民工就业概率的其他因素。综合式（5-3）至式（5-6）四个公式，得到农民工保留工资扩展表达式（5-7）[①]：

$$w^R = \frac{b}{1-b}(\alpha_1 P_{hc} + \beta_1)\int_{w^R}^{\infty}(w - w^R)g_f(w)\,\mathrm{d}w$$

$$+ \frac{b}{1-b}(\alpha_2 P_{hc} + c P_{sc} + \beta_2)\int_{w^R}^{\infty}(w - w^R)g_{nf}(w)\,\mathrm{d}w$$

$$(5-7)$$

由于劳动力市场的信息不充分，农民工的自身人力资本水平有限，他们很难在较短时间内搜寻到适合自己的岗位，这势必会加大求职成本。因此，社会资本能在一定程度上弥补市场的缺陷，通过社会网络建立起的信任机制来传递劳动力市场信息，结合式（5-5）可以看到，社会资本能够提高农民工获取就业机会的概率，增加农民工被雇佣的概率，从而使得农民工可以在更多的工作选择中挑选具有更高工资收入的岗位。式

---

① 胡金华. 社会网络对农村劳动力外出就业的影响研究 [D]. 博士学位论文，南京农业大学，2010：95-96.

（5-7）为本研究的后续内容提供了理论基础。

5.2.2 社会资本有利于增强农民工社会适应性和城市归属感

从 5.2.1 节中研究发现，农民工进入城市更喜欢借助社会资本来解决其面临的困难。社会资本之于农民工来说其作用举足轻重。社会网络能够加强农民工之间及与城市市民间的情感、文化、价值观念的交流，有效地增加农民工的城市归属感和满足感。社会网络实际上是一种关系型社会资本，它是以信任作为网络内各主体的坚实连结点，促进农民工社会交往中的信息传递，降低信息沟通的障碍，减少交易费用，增进交往与合作，增加互惠行动。而共同遵守的互惠规范不仅能够有效地约束投资行为，而且还能减少集体行动中的"搭便车"行为。农民工社会网络覆盖范围越大，对社会和社区的信任感越强，其农民工的行为适应能力和心理认同能力越强。在"差序格局①"体系中，农民工主要以初级社会关系为依托，依据信任

---

① "差序格局"是社会学家费孝通先生在研究中国乡村结构时提出来的，旨在描述亲疏远近的人际格局。

机制建立关系网络①。从社会地位来看，社会资本把具有相同地位和权利的主体联系在一起，并可以借助成员身份获取和利用外界资源。农民工可以加入工会组织，从组织成员的身份获取工作和生活上的各种帮助，如住房、子女入学教育、生活救济等。农民工融入城市，进入城市的社区网络，可以增加社会资本存量，建立代表自身利益的集团组织，参与维权等活动。研究发现，社会资本的占有和使用与农民工的社会地位高度相关，即农民工的边缘地位与社会资本的贫乏密切相关。由于社会资本贫乏可能导致农民工群体产生相对被剥夺感、过客心理、游民化等社会后果，从而阻碍了市民化进程。

通过社会网络与社会地位的相互交织，形成了有利于城市融合的社会认知，这种社会认识是一个心理体验过程。农民工在城市居住的时间越长，越能积累更多的社会资本，促进其与当地市民交往和融合，从而形成相同的价值观念、生产和生活观念。这种社会认知的形成会增强农民工自主的社会参与意识，促进职业认同，形成职业道德和组织文化。这种非正式的社会组织与城市社区密切合作，可以建立起组织内的信任和共同遵守的互惠规范，为农民工提供非正式制度保障，如法律讨

① 任义科，张彩，杜海峰. 社会资本、政治参与与农民工社会融合［J］. 甘肃行政学院学报，2016（1）：83 – 118.

薪、维权活动等。

综合上述分析，本研究建立了社会资本与农民工市民化能力形成机理导图（见图 5 - 2）。

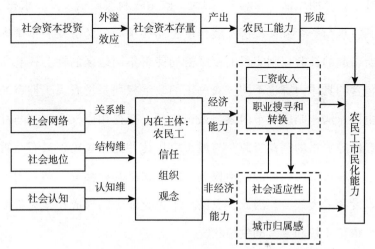

图 5 - 2　社会资本与农民市民化能力形成机理

5.3

权利要素与农民工市民化能力形成

除了人力资本和社会资本等资本要素外，权利要素对农民工市民化能力的形成具有重要影响，是农民工市民化能力形成的保障机制。阿马蒂亚·森（2001）指出，一个人支配粮食的能力或他支配任何一种他希望获得或拥有东西的能力，都取决于他在社会中的所有权和使用权的权利关系①。T. H. 马歇尔从公民身份权利理论出发，指出社会权利是公民从享有某种程度的经济福利与安全到充分享有社会遗产，并依据社会通行的标准享受文明生活的权利②。因此，政治权利实质是一种要求权，其实现与一个社会经济发展程度密切相关。由经济发展不平衡所引起的社会权利实现的差序格局使得不同地区的社会权利所包含的具体内容也不同。农民工的政治权利是指农民工拥有的由国家法律制度赋予的参与城市生活、获得相应社会福利与社会保障资格的利益资源。与城市市民化相比，农民工只有获得了与城市市民同等的政治权利，才能保障其社会资本和人力资本发挥最大效益。因此，农民工市民化能力的形成在很大程度上依赖于权利要素的供给状况。

5.3.1　平等的就业权利有利于提高农民工市民化职业转换能力

劳动就业权是劳动者最基本的社会权利之一。按照《劳动法》的规定包括五项原则，即平等就业原则、相互选择原则、

---

① 阿马蒂亚·森，贫困与饥荒 [M]. 北京：商务印书馆，2001：64.

② T. H. 马歇尔，安东尼·吉登斯. 公民身份与社会阶级 [M]. 江苏：江苏人民出版社，2008：34.

竞争就业原则、照顾特殊群体就业原则、禁止未满 16 周岁未成年人就业原则。由我国长期的二元分割户籍制度所产生的二元劳动力市场，使得农民工与城市市民并未享有平等的就业权利。农民工在就业机会的获得和劳动报酬的公平获取上存在诸多问题，如工资低、工时长、安全卫生不保障、合同签订率低等，这都直接影响农民工城市融入的经济能力。一旦他们获取了平等就业权利，就可以增强自身的职业转换能力，消除二元劳动力市场的"同工不同时、同工不同酬、同工不同权"等歧视现象，降低农民工市民化经济门槛，提高农民工市民化经济融入能力。

5.3.2 公平的社会保障权利有助于农民工增强城市生存和生活能力

社会保障权利又称社会福利权，是由国家通过立法来承担和增进全体国民的基本生活水准的权利，从内容上主要包括社会救助权、社会保险权、社会福利权和社会优抚权四个方面。农民工是当前城市经济社会发展的主要贡献者，从他们现有的社会保障权上看，参加社会保险比例极低，居住面积小且质量低、环境差，受教育程度低且职业培训机会少。农民工市民化，就是要赋予农民工与城市市民一样完整的社会保障权，即包括工伤、医疗、养老、失业、生育、家庭补贴等。社会保险权的赋予，能够降低农民工城市生活的成本，使其具备抵御城市职业转换和失业的风险能力。同时城市居民所具有的住房保障权利如果能够惠及农民工群体，可以增强农民工市民化的城市融合能力。

5.3.3 基本的政治参与权利有利于增强农民工社会融合能力

政治权利是公民的基本权利，反映出权利人有权决定自己政策权利的使用，并体现权利人自己的意志。政治权利是指依照宪法和法律的规定，人们参与政治活动的一切权利和自由的总称，包括选举和被选举权、政治自由、监督权等。考虑到农民工的素质特征和我国政治权利的实际状况，本研究所指农民工的政治权利理解为政治参与权利。政治参与权是农民工其他社会权利的基础，是其经济、文化方面要求在政治体制上的集中反映。平等的政治参与权是保障农民工群体经济利益分配权的关键，决定着他们对公共财富分配的意愿和选择。影响着政府的决策过程和政策的制定，能够在一定程度上约束政府决策行为。农民工政治参与能力的强弱决定着其自身城市融合的政治认知能力。

综上所述，赋予农民工平等的社会权利，是农民工市民化能力的基本保障（见图 5-3）。

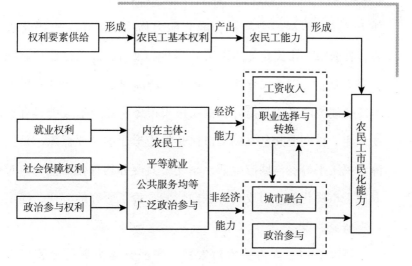

图 5 – 3　权利要素与农民工市民化能力形成机理

5.4

农民工市民化能力影响因素的计量检验

5.4.1　研究假设与数据来源

5.4.1.1　研究假设

从人力资本、社会资本与权利要素在农民工市民化能力形成中的作用来看，人力资本通过提高农民工市民化的职业转换能力、城市生活能力和社会融合能力作用于农民工市民化进程，在农民工市民化能力形成中居核心地位，起关键作用。社会资本是农民工市民化能力形成的环境要素，可以促进农民工市民化能力的形成与提升，在农民工市民化能力形成中具有重要作用。权利要素是农民工市民化能力形成的重要保障，是保障农民工平等参与城市生活、享受公共服务均等化的基础，对农民工市民化能力形成具有正向影响。为了研究的方便，提出以下研究假设：

假设 5 - 1：人力资本对农民工市民化能力具有显著正向影响。

通过选取受教育程度、技能培训情况、工作经历反映农民工的人力资本积累水平。通常认为农民工受教育程度越高、技能培训水平越高，其城市就业能力越强，工资收入越高，市民化能力越强。同样，农民工在城市工作经历越长，迁移次数越多，职业搜寻与转换能力越强，越有利于农民工融入城市，提高其市民化能力。

假设 5 - 2：社会资本对农民工市民化能力具有显著正向影响。

通过选取农民工社会交往对象、求助能力、社区参与情况、工会参与情况反映社会资本积累水平。从理论分析来看，交往对象与求助能力反映了农民工的私人社会关系网络，如果农民工社会交往对象以城市市民为主，求助能力越强，说明私人关系社会网络覆盖面越广，农民工市民化能力越强。如果农民工参与社区活动次数越多、参加工会组织越积极，就越能增强社会资本积累，提高农民工市民化能力。

假设 5 - 3：权利要素对农民工市民化能力具有显著影响。

通过选取参加社会保障、签订劳动合同、工会参与、政治参与指标反映农民工的政治权利因素。通常来看，农民工参与社会保障种类越多、并能与用人单位签订合同，就说明新型城镇化下公共服务实现了均等化，农民工市民化成本降低，市民化能力增强。如果农民工积极参与工会活动，主动维护并行使自己的政治参与权利，在一定程度上有利于农民工权益保障，增强农民工群体的维权能力，保障农民工市民化能力的实现。

5.4.1.2　数据来源

根据中山大学 2014 年中国劳动力动态调查（CLDS）数据库数据，本书从中剔除非农业户口的劳动者（这里原来是农业户口，现在为居民户口的不予剔除）、农业户口中未迁移并仍从事农业生产经营的劳动者数据，并剔除不合格样本后，剩余有效样本 1068 份，有效率为 94.51%。从样本覆盖范围来看，包括北京、天津、河北、山西、内蒙古、辽宁、吉林、黑龙江、上海、江苏、浙江、福建、山东、河南、湖北、湖南、广东、重庆、四川、贵州、云南、陕西、甘肃、青海、宁夏和新疆26个省（区、市），具有一定代表性。从样本问卷内容来看，主要选取的劳动对象年龄为 15~64 岁，受访者被调查的主要内容包括受教育程度、就业状况、劳动权益问题、职业流动与保护、健康、职业满足感和幸福感等。

5.4.2　变量选取

5.4.2.1　因变量选择

本书的因变量为农民工的市民化能力，用 Y 表示。根据 4.2 节的农民工市民化能力测度结果，本书建立一个有序三分变量，分别为 0、1、2。当农民工市民化能力 $Y < 0.4$ 时，农民工市民化能力赋值为 0；当农民工市民化能力 $0.4 \leqslant Y \leqslant 0.6$ 时，农民工市民化能力赋值为 1；当农民工市民化能力 $Y > 0.6$ 时，农民工市民化能力赋值为 2。

5.4.2.2　自变量选择

根据农民工市民化能力形成机理分析，研究认为人力资本、社会资本和权利要素是影响农民工市民化能力的重要维度。

（1）人力资本

在本研究中，用受教育程度、参加培训、工作经验与职业技能反映人力资本积累状况。其中，受教育程度用农民工最高受教育程度代表，并作定距变量表示：小学以下＝0，小学＝1，初中＝2，高中＝3，大专及其以上＝4。参加培训用被访者过去 2 年是否参加过至少 5 天的专业技术培训次数来表示。工作经验指的是农民工在从事现有工作或以往工作中获得的各种经验的总和，可以用从事该工作的年限表示。职业技能用获得的专业技术资格证书的等级代表。

（2）社会资本

社会资本是一种能够通过促进合作来提高社会效率的社会关系和社会结构的社会内部的互动机制。网络、关系、信任、规范等是社会资本的核心构成要素。本研究从社会关系网络、社会熟悉程度、社会信任程度、社会互助状况四个方面对农民工社会资本积累水平进行测度。本研究用"被访者与所居住社区邻里关系的熟悉、信任、互助"的个人评价分五个等级来衡量社会熟悉、社会信任和社会互助。社会关系用被访者有多少关系密切，可以得到支持和帮助的熟人或朋友的数量来衡量。

（3）权利要素

权利要素对农民工市民化能力形成具有重要的保障作用。本研究从农民工政治参与、社会保障状况、工会参加、签订合

同四个方面来对权利要素测度。其中政治参与状况根据农民工
参与居委会选举的投票情况分四个等级来测量。社会保障状况
按农民工所拥有的各种社会保险的总数来测量。

除以上自变量外，本研究把农民工的性别、年龄和区域变
量作为虚拟变量引入模型中，力求综合全面反映农民工市民化
能力的影响因素，各变量的含义及其指标内容见表 5 - 1。

表 5 - 1　　　　　　　自变量构成维度及各指标体系

自变量		序号	指标内容
人力资本	受教育水平	X1	小学以下 =0；小学 =1；初中 =2；高中 =3；大专及以上 =4
	参加培训	X2	1 周以下 =0；1 个月以下 =1；1 ~ 3 月 =2；3 ~ 12 月 =3；1 ~ 3 年 =4；3 年以上 =5
	工作经验（年）	X3	不足 1 =0；1 ~ 3 =2；3 ~ 5 =3；5 ~ 8 =4；8 以上 =5
	职业技能	X4	无等级 =0；初级 =1；中级 =2；高级 =3；技师及其以上 =4
社会资本	社会熟悉	X5	非常不 =1；不太 =2；一般 =3；比较 =4；非常 =5
	求助人数（个）	X6	0 =0；1 ~ 5 =1；6 ~ 10 =2；11 ~ 15 =3；16 个以上 =4
	社会信任	X7	非常不同意 =1；不同意 =2；同意 =3；非常同意 =4
	社会互助	X8	非常少 =1；比较少 =2；一般 =3；比较多 =4；非常多 =5

续表

自变量		序号	指标内容
权利要素	政治参与	X9	主动投 = 4；家人代投 = 3；没投 = 2；居委会要求投 = 1
	参加社保（种）	X10	没有分等级，按照投保种类数量由小到大排序
	工会参与	X11	参与 = 1；不参与 = 0
	签订合同	X12	签订 = 1；不签订 = 0
其他变量	年龄（岁）	Z1	25 以下 = 1；25 ~ 30 = 2；31 ~ 40 = 3；41 ~ 50 = 4；50 以上 = 5
	性别	Z2	男 = 1；女 = 0
	区域	Z3	以西部为参照对象，东部 = 1；中部 = 0；西部 = 0
		Z4	以西部为参照对象，东部 = 0；中部 = 1；西部 = 0

5.4.3　实 证 分 析

5.4.3.1　主要研究变量的描述性统计结果

通过对符合要求的样本数据进行整理，可以得到如表 5 - 9 所示的描述性统计分析结果。在全部样本中，农民工平均年龄 33 岁，其中男性农民工占到总体的比例比较大，达到

57.05%，女性农民工占比42.95%。从最高受教育程度来看，农民工以小学、初中和高中为主（占77.1%）。从样本地域分别来看，以东部地区为主，达到79.47%，具体描述性统计分析详见表5-2。

表5-2　　　　　　　各自变量描述性统计分析结果

变量名称	样本数量	平均值	标准差	最小值	最大值
受教育水平	1068	1.8630	1.1477	0	4
参加培训	1068	1.1191	1.4466	0	5
工作经验（年）	1068	4.7969	1.8444	1	22
职业技能	1068	2.5298	1.6283	0	4
社会熟悉	1068	2.8088	1.1028	1	5
求助人数（个）	1068	1.6066	1.2123	0	4
社会信任	1068	2.6505	0.6352	1	4
社会互助	1068	2.4019	0.9914	1	5
政治参与	1068	2.9436	0.3543	1	4
参加社保（种）	1068	1.3762	2.1196	0	13
工会参与	1068	0.1223	0.3278	0	1
签订合同	1068	0.4201	0.4940	0	1
年龄（岁）	1068	32.6144	9.6495	17	62
性别	1068	0.5705	0.4954	0	1
区域1	1068	0.7947	0.4043	0	1
区域2	1068	0.1129	0.3167	0	1

5.4.3.2　模型构建

根据农民工市民化能力综合指标体系的测度结果，农民工市民化能力可以划分为三个等级：低市民化能力（市民化能力得分小于 0.4）、中市民化能力（市民化能力得分处于 0.4 ~ 0.6）、高市民化能力（市民化能力得分大于 0.6）。作为本研究的因变量显然不同于一般的基数因变量，农民工市民化能力可以看作为一种序数因变量。序数因变量表示响应的一种排序，而不是基数测量，此类有序响应的值是任意的[①]。因此，将序数变量建模成一系列解释因素的函数，适合采用有序 Probit 模型对其进行定量分析。

假设 $y^* = x'\beta + \varepsilon$，其中，$y^*$ 表示不可观测量，可以认为它是农民工 i 的市民化能力，取值范围有三个门限，即 [0、1、2]。则选择规则为：

$$y = \begin{cases} 0, & \text{若 } y^* < r_0 \\ 1, & \text{若 } r_0 \leqslant y^* \leqslant r_1 \\ 2, & \text{若 } r_1 < y^* \end{cases}$$

其中，$r_0 < r_1$ 为门限点，被称为"切点"（从 Stata 输出结

---

①　陈强. 高级计量经济学及 Stata 应用（第二版）[M]. 北京：高等教育出版社，2014：192.

果中显示为"cut")。本研究中 $r_0 = 0.4$，$r_1 = 0.6$。假设 $\varepsilon \sim N$ (0，1)（将扰动项 ε 的方差标准化为1），则：

$$P(y = 0/x) = P(y^* < 0.4/x) = P(x'\beta + \varepsilon < 0.4/x)$$

$$= P(\varepsilon < 0.4 - x'\beta/x) = \Phi(0.4 - x'\beta)$$

$$P(y = 1/x) = P(0.4 \leqslant y^* \leqslant 0.6/x)$$

$$= P(y^* \leqslant 0.6/x) - P(y^* \leqslant 0.4/x)$$

$$= P(x'\beta + \varepsilon \leqslant 0.6/x) - \Phi(0.4 - x'\beta)$$

$$= P(\varepsilon \leqslant 0.6 - x'\beta/x) - \Phi(0.4 - x'\beta)$$

$$= \Phi(0.6 - x'\beta) - \Phi(0.4 - x'\beta)$$

$$P(y = 2/x) = 1 - P(y = 2/x) = 1 - \Phi(0.6 - x'\beta)$$

其中，$\Phi(\cdot)$ 表示标准正态累积分布函数。

当 $y^* < 0.4$ 时，观测到 $y = 0$；当 $0.4 \leqslant y^* \leqslant 0.6$ 时，观测到 $y = 1$；当 $y^* > 0.6$ 时，观测到 $y = 2$。可以将 y^* 称为潜变量，它与因素 X 集合及扰动过程 ε 有线性关系。这里 X 为实际观测到的自变量，包括人力资本、社会资本、权利要素、年龄、性别、区域变量因素等。

5.4.3.3　有序 Probit 模型分析

本部分运用 Stata13.0 统计分析软件对有序 Probit 模型进行了回归分析。首先将 16 个自变量全部引入回归模型，检验系数的显著性，回归结果见表 5-3，准 R^2 达到 0.22，方程中大多数系数显著性很高。进一步剔除不显著的变量（标准水平为 0.05），使所剩变量在 95% 水平上显著，回归结果见表 5-4。以上的两个模型所得到的结论基本一致，两个方程均通过检验。此外，由于各解释变量的最小变化量至少为一单位，为了便于解释回归结果，同时使用 Stata13.0 汇报了概率比（见表 5-5）。以下将对结果进行讨论。

表 5-3 有序 Probit 模型结果 1

市民化能力	Coef.	Std. Err.	z	P > |z|	[95% Conf.]	Interval
受教育水平	0.3433	0.0553	6.21	0.000	0.2349	0.4518
参加培训	0.2881	0.0566	5.09	0.000	0.1771	0.3991
工作经验（年）	0.0740	0.0307	2.41	0.016	0.0138	0.1342
职业技能	0.1190	0.0483	2.46	0.014	0.0242	0.2137
社会熟悉	0.1598	0.0552	2.89	0.004	0.0516	0.2680
求助人数（个）	0.0563	0.0429	1.31	0.190	-0.0279	0.1404
社会信任	0.0872	0.0793	1.10	0.272	-0.0682	0.2425
社会互助	-0.0427	0.0580	-0.74	0.462	-0.1563	0.0710
政治参与	0.4136	0.1417	2.92	0.004	0.1359	0.6914
参加社保（种）	0.0635	0.0314	2.02	0.043	0.0020	0.1250
工会参与	0.2882	0.1683	1.71	0.087	-0.0416	0.6180
签订合同	-0.0833	0.1268	-0.66	0.511	-0.3318	0.1652
年龄（岁）	-0.0009	0.0065	-0.14	0.890	-0.0136	0.0118
性别	0.1560	0.1056	1.48	0.140	-0.0510	0.3630
区域 1	-0.1290	0.1803	-0.72	0.474	-0.4823	0.2243
区域 2	-0.2259	0.2219	-1.02	0.309	-0.6608	0.2090
/cut1	1.9114	0.6027			0.7300	3.0927

续表

市民化能力	Coef.	Std. Err.	z	P > |z|	[95% Conf.]	Interval
/cut2	3.9347	0.6176			2.7243	5.1451
对数似然比			-469.001			
伪判决系数			0.2244	0.000		

表5-4　　　　　　　　　　有序 Probit 模型结果2

市民化能力	Coef.	Std. Err.	z	P > |z|	[95% Conf.]	Interval
受教育水平	0.3522	0.0524	6.72	0.000	0.2496	0.4549
参加培训	0.2950	0.0546	5.40	0.000	0.1879	0.4021
工作经验（年）	0.0745	0.0267	2.78	0.005	0.0221	0.1269
职业技能	0.1088	0.0434	2.51	0.012	0.0237	0.1939
社会熟悉	0.1572	0.0464	3.39	0.001	0.0663	0.2481
政治参与	0.4026	0.1410	2.86	0.004	0.1263	0.6790
参加社保（种）	0.0587	0.0290	2.03	0.043	0.0019	0.1155
工会参与	0.2904	0.1667	1.74	0.081	-0.0363	0.6170
性别	0.1825	0.1039	1.76	0.079	-0.0212	0.3863
/cut1	1.8643	0.4838			0.9161	2.8125
/cut2	3.8723	0.5021			2.8881	4.8564
对数似然比			-472.3339			
伪判决系数			0.2201	0.000		

表5-5　　　　　　　　　　各变量汇报概率比

市民化能力	Odds Ratio	Std. Err.	z	P > |z|	[95% Conf.]	Interval
受教育水平	1.8323	0.1824	6.08	0.000	1.5075	2.2271
参加培训	1.6165	0.1607	4.83	0.000	1.3303	1.9642

市民化能力	Odds Ratio	Std. Err.	z	P > |z|	[95% Conf.]	Interval
工作经验（年）	1.1599	0.0714	2.41	0.016	1.0282	1.3086
职业技能	1.2489	0.1070	2.59	0.009	1.0558	1.4773
社会熟悉	1.2956	0.1248	2.69	0.007	1.0727	1.5649
求助人数（个）	1.1023	0.0824	1.30	0.192	0.9521	1.2762
社会信任	1.1484	0.1609	0.99	0.323	0.8726	1.5113
社会互助	0.9401	0.0963	-0.60	0.546	0.7690	1.1492
政治参与	1.9926	0.4770	2.88	0.004	1.2463	3.1856
参加社保（种）	1.1083	0.0600	1.90	0.058	0.9967	1.2324
工会参与	1.7911	0.5392	1.94	0.053	0.5680	3.2313
签订合同	0.8753	0.1931	-0.60	0.546	0.9738	1.3487
年龄（岁）	0.9967	0.0118	-0.28	0.782	0.9273	1.0202
性别	1.3315	0.2458	1.55	0.121	0.3011	1.9120
区域 1	0.8156	0.2542	-0.65	0.513	-0.4823	1.5023
区域 2	-0.2259	0.2548	-1.10	0.271	-0.6608	1.4010
/cut1	3.2586	1.0583			1.1844	5.3329
/cut2	6.8036	1.0947			4.6580	8.9492
对数似然比			-467.9524			
伪判决系数			0.2261	0		

在 Oprobit 估计后，使用 predict 分别计算农民工个体达到每一个市民化能力等级的预测概率[①]。从全体样本的预测中随机选取 100 个汇报（见表 5-6）。（取计算概率最大值的）市民

---

① 克里斯托弗·F. 鲍姆. 用 Stata 学计量经济学 [M]. 北京：中国人民大学出版社，2016：216-217.

表5-6 部分农民工的市民化能力等级预测概率

农民工样本	Y（实际值）	模型预测概率			农民工样本	Y（实际值）	模型预测概率		
		sp0	sp1	sp2			sp0	sp1	sp2
1	2	0.0790	0.6454	0.2756	51	1	0.1679	0.6842	0.1479
2	1	0.2226	0.6707	0.1066	52	2	0.0562	0.6068	0.3370
3	1	0.1227	0.6786	0.1986	53	1	0.0789	0.6453	0.2758
4	2	0.0011	0.1419	0.8571	54	1	0.0364	0.5484	0.4151
5	1	0.0086	0.3457	0.6457	55	2	0.0131	0.4017	0.5852
6	2	0.0005	0.1039	0.8956	56	2	0.0013	0.1546	0.8441
7	1	0.1294	0.6808	0.1898	57	2	0.0114	0.3831	0.6055
8	1	0.1184	0.6769	0.2047	58	1	0.1523	0.6845	0.1633
9	1	0.3239	0.6157	0.0604	59	2	0.0002	0.0649	0.9349
10	2	0.0208	0.4673	0.5119	60	2	0.0118	0.3870	0.6012
11	1	0.1306	0.6812	0.1882	61	2	0.0089	0.3501	0.6410
12	2	0.0056	0.2922	0.7022	62	1	0.1447	0.6839	0.1714
13	1	0.0779	0.6440	0.2782	63	1	0.0362	0.5475	0.4163
14	1	0.0449	0.5775	0.3776	64	2	0.0011	0.1455	0.8534

续表

农民工样本	Y（实际值）	模型预测概率			农民工样本	Y（实际值）	模型预测概率		
		sp0	sp1	sp2			sp0	sp1	sp2
15	1	0.0196	0.4585	0.5220	65	2	0.0046	0.2718	0.7236
16	1	0.1375	0.6828	0.1798	66	1	0.0545	0.6029	0.3426
17	2	0.0169	0.4373	0.5458	67	2	0.0029	0.2229	0.7742
18	1	0.0895	0.6572	0.2532	68	2	0.0296	0.5187	0.4517
19	1	0.1253	0.6796	0.1951	69	1	0.1607	0.6846	0.1547
20	1	0.0190	0.4541	0.5270	70	1	0.0616	0.6179	0.3205
21	1	0.2550	0.6564	0.0886	71	1	0.1395	0.6831	0.1774
22	1	0.2832	0.6411	0.0757	72	1	0.4846	0.4909	0.0245
23	2	0.5143	0.4652	0.0205	73	2	0.0024	0.2052	0.7924
24	2	0.0300	0.5207	0.4493	74	1	0.1081	0.6716	0.2203
25	1	0.2715	0.6477	0.0808	75	1	0.1888	0.6810	0.1301
26	1	0.3578	0.5921	0.0501	76	1	0.0172	0.4401	0.5427
27	1	0.0823	0.6495	0.2682	77	2	0.0232	0.4833	0.4935
28	1	0.0987	0.6652	0.2360	78	1	0.2046	0.6769	0.1185

续表

农民工样本	Y（实际值）	模型预测概率			农民工样本	Y（实际值）	模型预测概率		
		sp0	sp1	sp2			sp0	sp1	sp2
29	1	0.1735	0.6836	0.1429	79	1	0.2677	0.6498	0.0826
30	1	0.4712	0.5023	0.0264	80	1	0.4056	0.5560	0.0384
31	2	0.0405	0.5631	0.3964	81	2	0.0088	0.3483	0.6429
32	0	0.6055	0.3831	0.0114	82	2	0.0121	0.3902	0.5978
33	1	0.0249	0.4934	0.4817	83	1	0.2128	0.6743	0.1129
34	2	0.0275	0.5081	0.4643	84	1	0.2900	0.6371	0.0729
35	1	0.2253	0.6697	0.1050	85	2	0.0054	0.2886	0.7060
36	1	0.2313	0.6673	0.1015	86	1	0.2267	0.6692	0.1042
37	2	0.0126	0.3961	0.5913	87	2	0.0077	0.3308	0.6615
38	1	0.2330	0.6665	0.1005	88	1	0.0569	0.6083	0.3348
39	2	0.0180	0.4464	0.5357	89	2	0.0094	0.3567	0.6339
40	1	0.1607	0.6846	0.1547	90	1	0.0468	0.5830	0.3702
41	1	0.1042	0.6692	0.2265	91	1	0.3989	0.5612	0.0399
42	1	0.1927	0.6801	0.1271	92	2	0.0034	0.2389	0.7577

续表

农民工样本	Y（实际值）	模型预测概率			农民工样本	Y（实际值）	模型预测概率		
		sp0	sp1	sp2			sp0	sp1	sp2
43	2	0.0318	0.5289	0.4393	93	2	0.0367	0.5494	0.4139
44	2	0.0001	0.0373	0.9627	94	1	0.0244	0.4907	0.4849
45	2	0.0348	0.5419	0.4233	95	1	0.1887	0.6811	0.1302
46	1	0.3181	0.6195	0.0624	96	1	0.2877	0.6385	0.0738
47	1	0.0985	0.6650	0.2365	97	1	0.2436	0.6618	0.0945
48	1	0.0449	0.5774	0.3778	98	1	0.0679	0.6293	0.3028
49	1	0.2500	0.6588	0.0912	99	1	0.0522	0.5974	0.3504
50	1	0.4347	0.5327	0.0326	100	1	0.4855	0.4902	0.0243

化能力等级预测与实际所处等级相一致的人数为 86 个，占所抽取样本的86%。考虑到有众多因素会影响到市民化能力，且有一些是难以被观测到并包含到模型中的，所以可以认为预测准确率较为理想，模型的设定是没有严重问题的。

5.4.4 研究结论

（1）人力资本因素

人力资本多种因素对农民工市民化能力均产生了较显著的影响。使用 Oprobit，LPM，Ologit 模型得到结论基本一致，每个模型所得到的系数符号都相同。根据经验法则，将 Ologit 模型得到的系数乘以 0.25，将 Oprobit 模型所得到的系数乘以 0.4，再与 LPM 模型对比，可以发现以系数代表的边际效应基本相同。

农民工的受教育水平对市民化能力有显著的影响。见表 5-5，在给定其他变量的情况下，教育程度提高一个等级会使农民工市民化能力跃升一个等级的概率增加约80%，证明了教育对农民工市民化能力形成的重要性。当然，这样的数量关系并非对某个具体的农民工而言，而是针对总体中农民工的平均情况而言，下同。农民工参加培训的变量（X2）也通过了显著性检验，说明它对农民工市民化的能力产生了显著的影响，方向为正，与预期相同。从表 5 - 5 结果看，给定其他变量，相关培训强度增加一个等级，会使农民工市民化能力提升一个等级的概率提高 60%。这一数量关系之大超出了预期，原因很可能是相关能力强的农民工群体更加重视并乐于参加一些培训，也就是说，参加培训的次数与市民化能力在一定程度上互为因果，即使这样，仍可以断定的是，合理的培训安排对农民工的市民化能力的提升起到至关重要的作用。从结果上看，农民工的工作经验（X3）对市民化能力有较显著的影响，给定其他变量，工作经验上升一个档次将会使市民化能力提升一个等级的概率提高 16%。现实的情况是，由于农民工就业单位更换较为频繁（与所从事的行业多为受季节、地点限制的建筑业等有关），城市员工的"工龄工资"的概念并不适合对此作出解释。较为合理的解释是，在某一行业工作一段时间后，相比初入该行业，技能更加娴熟，寻找相关工作也更加容易，将在与雇主的讨价还价中拥有更多的话语权，相应的工资率也会更高些。也就是说，农民工工作经验对工资待遇的影响是完全市场化的。职业技能的等级对市民化能力有显著影响，给定其他变量，技能等级（X4）提高一级会使市民化能力提高一级的概率增加约 25%。这与预测比较一致，随着职业技能等级的提高，此类农民工在就业岗位上的可替代性在变小，议价能力增强，该机制与工作经验的作用机理相似。

（2）社会资本因素

这一组变量中唯一显著的是社会熟悉度（X5），社会熟悉度提高一个等级，市民化能力跃升一级的概率将增加近30%。社会资本诸因素除了社会熟悉度（X5）以外，其他3项都不显著。分析原因，很可能是因为这几项指标相比较更主观一些。比如说求助人数（X6），同样的客观情况，对于性格不同的人来说判断的标准就会有差异，对于某些农民工来说可以被划归为可求助对象的人群，很可能会被另外一些人排除掉，社会信任（X7）与社会互助（X8）的情况与此类似。此外，从另一个方向推测，农民工现存的社会资本可能也确实还没有为其市民化能力的形成做出实质性的贡献。原因在于农民工在城市中的社会资本存量普遍较低且质量较差，往往只能提供一些生活性的帮助，起到一些便利性的作用而已；农民工所集中的行业类型也加剧了此情况，诸如建筑、家政等行业的劳动收入水平基本是固定的，与一些较低层次的社会资本关联度不大。这一组的回归结果仍然具有政策含义——对于市民化能力提升，农民工就业档次的提升是社会资本能够起到显著作用的关键之一。

（3）权利要素

从回归结果上看，政治参与度（X9）非常显著，除了由于政治参与带来的直接利益以外，由政治参与所带来的幸福感、社会公平感与满意度的增强很可能是更重要的原因，以上主观感觉判断的正方向变化会提升农民工的城市社会融合程度。参与社保（X10）会显著提高农民工市民化能力，给定其他变量不变，社保的档次升级一档，农民工市民化能力提升一级的概率增加11%。是否参加工会组织（X11）对市民化能力影响显著，回归结果显示，参加工会会使农民工市民化能力提升一级的概率增加近80%。应该说，这一数量关系过大，猜测除了参加工会确实可以直接提升市民化能力以外，一部分原因可能是因为设置有工会组织的企业相对正规，工资待遇及各种保障制度更为优越一些。是否签订劳动合同这一项并不显著，原因很可能是大多数农民工处于一种"灵活就业"的状态，且对于劳动合同的重要性认识不足，在没有影响工资收入的时候往往会忽略签订合同。

（4）其他变量

年龄、性别与地域因素均不显著。年龄因素不显著的原因是，农民工很难长期在一个固定单位工作，而且多处于一个工作单位的底层，基本没有可能通过长时间的优异表现获得晋升，难以获得所谓的"工龄工资加成"，年龄较大的农民工其能力与经验方面的优势已经体现在职业技能级别等变量的系数中。性别因素不显著并不意味着农民工就业中不存在性别歧视，其原因是不同性别的农民工集中在不同的就业领域内，且女性农民工更多地集中在家政行业，多承担保姆、月嫂等工资较高的工作，对性别歧视起到了一定的抵消作用，代表区域的变量并不显著。从调查数据上看，东部地区的工资率要高于中西部地区，而中部地区也要高于西部地区。但是，由于东部发达地区包括住房在内的生活成本更高，所以导致市民化能力并没有随工资水平相应提高。

第6章

促进农民工市民化能力
提升的对策建议

　　新型城镇化的核心是人的城镇化，是农村富余劳动力及其家庭直系亲属的城镇化。在当前的环境下，最迫切需要解决的问题是在城市工作却难以融入城市生活的人群——农民工家庭的市民化问题。

　　按照农民工及其家庭与城市隔离的严重程度，可分为以下几种情况：第一类是农民工（多为男性）只身在城市打工，配偶与后代均在农村生活；第二类是农民工夫妻在城市工作，而子女在农村学习生活；第三类是农民工家庭已经完整迁移到城市，但是由于其工作行业、交往圈子、生活习惯等均与城市原住居民不同，导致其本人与子女很容易被辨识出来，从而产生隔离感。当前，以上几种情况在我国普遍存在，绝大多数来自农村的个人或家庭可以划归为其中的某一类。虽然以上几种情况是按照农民工及其家庭与城市的隔离程度进行划分的，但是很难判断哪一种情况产生的负面效应更大些。第二种情况虽然解决了夫妻两地生活的问题，但是留守在农村的儿童的教育与生活问题将比第一种情况更为严峻。在第三种情况中，虽然举家迁移至城市，但是其本人与后代融入城市生活、得到认同困难的问题依然严峻，而在整体脱离农村后，如果不被城市接纳，则在心理上更加难以接受。所以，从程度上看，农民工市民化必须是彻底的，因为以上所列举的几种不同程度的类型都存在较严重问题，滞留在任何一个阶段都无法解决难题；从时间上看，农民工市民化是紧迫的，农民工离土不离乡已产生一系列严重的社会问题。

因此，在明确农民工市民化能力形成机理的基础上，寻求增强农民工市民化能力的可行渠道，可以丰富相关理论体系、获取政策含义，将切实为推动农民工市民化进程提供指导。本书的对策建议着重于推动农民工市民化能力提升，分别从人力资本、社会资本及权利要素等视角来寻求农民工市民化能力的提升路径。

6.1

以教育和培训为主要途径提升农民工人力资本水平

对于农民工来说，自身的人力资本储备影响着其市民化的意愿强度、决定着其市民化过程中的实践能力。首先,人力资本增加会提高农民工市民化过程中职业搜寻转换能力,包括就业信息获取、职业搜寻与转换决策以及城市就业适应能力等,对就业信息的获取是个体经济能力的重要体现;其次,人力资本增加会提高农民工城市生存和生活能力,包括提高农民工在城市就业中的预期收入水平、保障农民工收入的可持续性;最后,人力资本影响着农民工在城市的融合与发展能力。人力资本的提升会拓展农民工群体的社会网络、增强该群体的行为适应和心里认同能力、提高农民工的权利行为能力。对于农民工的能力形成与增强,人力资本因素是基础性与决定性的。在现代社会,能力体现在智识上,主要通过教育的方式而赋予。具体到农民工群体,考虑到其职业流动性,应从教育辅以培训着手。通过教育培训制度创新、机制创新、模式创新进行路径探索,促使其市民化目标尽快实现[①]。

6.1.1 优化农民工教育培训制度

农民工教育培训制度应坚持其公益性,从立法层面上规范各个市场活动主体。在农民工教育培训制度的构建、创新与规

---

① 王竹林,范维. 人力资本视角下农民工市民化能力形成机理及提升路径[J]. 西北农林科技大学学报(社会科学版),2015(2):53.

范化过程中，政府应发挥主导作用，充分体现政府的公共服务职能。作为公益性的培训项目，市场失灵的情况容易发生，避免培训资源在分配的过程中的低效与无效是很必要的。首先，制度应激励培训机构在法治框架下进行良性竞争，以农民工群体在接受培训中的收益最大化为最根本目标，将政府的投入充分转化为农民工群体可以接受的福利；其次，由于农民工所从事行业种类繁多，工种复杂且不同，所以应根据实际情况（如工种，业务水平的不同）对农民工进行分类指导与分层培训。通过成立专门部门与机构来统筹规划与安排相关农民工的教育与培训工作，针对农民工群体的培训应该以职业教育和继续教育理论为导向，合理安排培训内容，并设计科学的培训与评价体系；再次，通过建立农民工参与培训的奖励制度，引导农民工群体参与培训课程、提高对培训课程的认同度和参与度。政府应拨出专门款项，用来为参加培训的农民工报销一部分相关费用，举办相关比赛等，并对学习效果良好的人员给予合理的物质奖励，充分地发挥农民工群体的主观能动性。

6.1.2 调整并创新农民工培训机制

农民工的人力资本积累不能只依靠其自身的投入形成，必须依赖全社会的支持。培训是提升农民工自身素质和职业技能的主要途径，其动力机制与投入机制是推动培训运转的关键，而保障机制与利益机制则是保证可持续性的关键，只有这几个因素相互良好配合，才有利于农民工人力资本的形成。为了协调不同机制发挥作用，首先要给予农民工的培训事业充足的经费与条件保障，完善保障机制；其次，构建培训与就业推荐相结合的完整模式，为合乎标准且接受过培训的农民工提供合适的岗位信息，在培训中提供当前市场需求和未来需求走向的预测；再次，在资金来源方面，构建多层次、多渠道的培训资金来源体系；最后，可以建立政府以财政投入为主、社会投入和农民工自费投入为辅的共同分担机制。坚持受益与付出相平衡的原则，建立协调的激励机制，使包括政府、企业、培训机构、农民工自身在内的多方利益可以兼顾，形成可持续的推动力量使各个主体有动力参与到教育培训的具体过程中来。

农民工培训是一项具有正外部性的活动，获益的不只是农民工群体，城市与企业都会从中获益。但是我国正处在经济社会转型时期，单单依靠市场机制推动农民工培训是难以达到理想效果的。农民工培训是一项大的系统工程，政府必须发挥主导作用，为了完善农民工教育与培训制度，必须适当增加财政支出，同时要避免效率低下或多部门间互相推诿的情况发生。

6.1.3 健全并完善现有农民工培训模式

　　除了农民工群体自身外，在培训过程中还包括政府、企业和社会培训机构等相关主体。与之相对应，培训可以采取政府主导型、企业主体型和市场依托型等模式。单就其中任何一种模式来说，都无法同时实现效率与公平。从而，需要整合主体多方的力量，摸索政府与市场相结合的农民工培训模式，让政府在市场机制中发挥调节作用，促使各培训主体根据市场岗位需求状况提供相应的培训内容，通过完善现有农民工培训模式，不断优化资源的配置效率，建立有利于内在能力提升的农民工培训的长效机制。此外，为了提高农民工群体的职业转化和竞争力，应着力推出岗位培训制以拓宽农民工的水平与技能涵盖范围。就农民工应接受的培训内容来看，与我国职业技术学院一类的学校的部分实践课程是吻合的，所以可以考虑推广职业技术学院资源、专家与社会志愿者相配合的模式，使用职业技术学院等社会相关教学资源，包括教学场地等硬件设施提供切实有效的技能培训形式。在这一过程中，农民工群体自身是最重要的，但就现在的情况来看，农民工接受培训的意愿却是薄弱的，主要原因在于该群体中的相当一部分人并没有真正认识到接受教育与培训的重要性，这很大程度上是缺乏宣传造成的。所以，应该在程序设计中考虑设置激励环节引导农民工群体转变观念、树立不断学习新技能的理念，使其意识到这是增强自身市民化能力的重要途径。

6.2

构建"弱关系型"和"契约型"社会网络和"组织型"社会关系

社会资本是以一定的社会关系为基础，以一定的文化作为内在的行为规范，以一定的群体或组织的共同收益为目的，通过人际互动形成的社会关系网络[①]。对于农民工来说，按其所掌握的社会资本属性可分为乡村社会资本与现代式社会资本。其中，基于业缘、人缘关系之上，通过法制、契约及信用等关系将农民工与其他人员相联系的社会资本被划归为现代社会资本，也是本书所重点研究的（如不具体指明，后文中的社会资本均指现代社会资本）。在农民工进城务工之前，其社会资本结构中以乡村社会资本为主，这明显不足以支持其进入城市工作后真正融入城市生活中。其交往的圈子往往以至亲或曾经在农村的老乡为主，因关系紧密而属于"强关系"类型。此类

---

① 卜长莉. 社会资本与社会和谐 [M]. 北京：社会科学出版社，2005：89.

"强关系"交往虽然更加密切，但却属于难以获取更多有效信息的"小圈子"。研究表明，就就业而言，一般能够提供有效帮助的人更多的是"弱关系"的熟人。原因在于"弱关系"连接会产生出一张相对更大的网络，可以相互提供异质性信息，并进行实质性的互利合作。但是，与"强关系"小圈子交往不同，"弱关系型"更加缺乏信任基础，从而必须同时注入"契约型"机制，不断拓宽农民工的交际网络、累积有效社会资本。

6.2.1 开拓农民工群体的"弱关系"型社会资本来源渠道

从交往关系网络的视角观察，农民工融入城市生活的过程同时也是其社会交往关系网再构建的过程。农民工群体应该意识到个人关系型社会资本的重要作用——建立并发展以业缘等"弱关系"为主的、范围更加宽广的现代型社会资本，逐渐取代传统的以血缘和地缘关系为主的"强关系"型社会资本是农民工群体实现市民化愿望的重要步骤。在这方面，社会应该促使农民工群体提高对社会资本重要性的认识水平，鼓励农民工扩大与城市居民的交往、增加与城市原住人群的交流而不是仅局限于原来的乡村社会关系网中，使其意识到这是自身获取和运用更多城市资源的必要方式。

以弱关系为媒介的就业信任程度较低，农民工更倾向于签订正式的合同来保障自身的劳动权益。政府应相应地发挥自身的行政管理和服务作用，致力于招用工信息平台的建设与维护。为了增强"弱关系"型就业的效率与可靠性，有必要持续加强就业信息网络建设，以便于农民工能够高效地获取劳动市场的需求信息，减少搜寻成本、提高匹配率。政府还应该为农民工就业构建包括培训、指导、维权等多方面的服务体系。此外，社会也要为农民工群体拓展现代型社会资本创造适宜的外部环境。对于农民工群体来说，平等、包容、和谐的社会氛围是重要的发展条件。从心理层面上来说，农民工群体为城市发展所做出的贡献更需要被周围大环境认同与肯定，这是消除歧视与偏见的重要前提。

6.2.2 发展并培育农民工群体组织型社会资本

首先，应加强工会组织建设。一般来看，现阶段农民工群体的工作仍比较集中于建筑、餐饮等行业。在这些行业中的就业人员中，农民工占有很大比重。以建筑行业为例，由于建筑工程队中的人员流动性极大，且该工作群体中以农民工为主，相对来说权益意识较为淡薄，所以对农民工的权利保护不足，农民工群体的想法与呼吁难以拥有有效的表达渠道。从这一角度出发，加强农民工群体中的工会组织建设、让工会成为为农民工发声的组织归属势在必行。通过拥有自身群体的利益代表，农民工方能进行更为有效率的社会参与，诸如表达自身诉求等维护合法权益的途径。从工作内容上看，农民工也是城市产业工人的重要组成部分，工会组织应该将农民工纳入进来，帮助该群体表达诉求。由于农民工的流动性很高，工会的形式和管理模式也应该相应进行调整与创新，为保护农民工权益、指导就业、培训技能提供高效的组织资源与保障。

其次，扩大城市社区的接纳能力，为加快农民工群体的融入提供保障。在生活中融入城市意味着必须能够实现农民工群体的城市社区融入，社区仍是城市生活的主要载体。所以，城市社区的管理与服务必须将农民工（尤其是城市化意愿较强烈的新生代农民工）纳入其中，向农民工群体提供与市民相同的服务与待遇。重视社区政治生活的平等与普及，保证农民工群体有参与社区民主选举的权利及参与社区自治的资格。除了以上的硬性制度外，还应将创造农民工群体与城市居民交往机会的活动常态化，比如社区应该定期开展体育或文艺等文化活动，号召包括农民工在内的社区内居民参加，以增进与城市居民之间的相互了解与理解，增强农民工市民化的意愿。

再次，借助先进的通讯与信息交流手段，建立并培育高效的社会志愿性组织，扩充农民工群体社会资本积累来源。

借助社会公益性志愿组织，通过网络上的宣传与联系，农民工群体可能会得到更为丰富的社会资源，增强自身在城市社会中的融合能力。在这一过程中，为调动志愿者长期服务的积极性，应加大对主动为农民工群体服务的社会志愿者团队的政策扶持力度，同时也要加强对其的管理与培训，提高其工作能力、专业水平，从而为农民工群体获取更高质量及数量的社会资本。

6.2.3　构建对农民工群体公平完善的制度资本

作为新生代农民工市民化过程中的根本性障碍，二元制度体系应彻底打破，转而构建城乡平等、公平合理、统一协调的一元制度体系，使之成为新生代农民工市民化的制度前提。

首先，从大方向上看，应减少农民工群体对农地的依赖。应创新土地制度，在农村土地产权确认制度的基础上进行流转机制、征用制度的改进，合理选择流转模式与土地征用补偿方法，鼓励以城市务工收入来源为主的农民工群体放弃土地及"工农兼顾"的兼业状态，从而增强其市民化的意愿，明确市民化的大方向。

其次，在融入城市的环节中，必须改变现有户籍制度，破除农民工群体融入城市的制度性阻碍。以户籍制度为载体的、只面向城市居民的各种福利应该被剥离，这要求恢复户籍制度的根本功能而取缔其歧视性的附加功能，所以必须逐渐取消城乡分割的二元管理体制，以尽快实现全国范围内的人口自由流动。在实质上实现城乡居民就业制度平等化，渐次取消针对农民工就业的相关歧视性规定，在完善保护劳动者的法律法规的大背景下，重点关注农民工合法的权益不受侵害。从经济层面上看，建立统一规范、城乡一体化、劳动资源优化配置的就业市场是根本目标。

最后，必须重建对于农民工群体公平的社会保障制度、构建合理的解决外来务工人员居住问题的相关制度与后代教育问题的解决制度。作为系列制度的核心，社会保障制度应该做到城乡统筹、地区衔接，关键是保证农民工群体作为流动人口也能够实现社会保障的有效转移接续；以加强社会保障制度的公平性为前提，增强灵活性与多样性，以满足流动人口的需求。必须将农民工在城市中的居住问题纳入到城市住宅建设发展规划和住房保障体系中，因为现在的普遍情况是大多数农民工住在"工棚"中，居住条件很差，更无法将家属带到身边，住房保障体系将为农民工群体定居城市、完成市民化的转变提供重要的硬件保障。除住房外，农民工群体非常关注下一代在城市中的教育问题，所以必须深化教育体制改革，在义务教育阶段实现均衡发展，消除对外来人员子女的歧视，保障农民工子女拥有平等接受教育的机会①。

6. 3

以户籍制度重构和社会保障权利回归
为核心赋予农民工政治权利

政治权利缺乏是农民工群体在城市化道路中所面临的另一个主要障碍。目前，农民工群体仍几乎没有制度化的渠道来参与城市公共事务，其维护自身权利的方式仍主要是个体抗议或群体行动等非合法化、非制度化的。这是农民工群体面临的政治现实情况，属于由先赋性身份不平等造成的政治权利不平等②。农民工进城务工从初具规模到数以亿计已经经历了近30年，但农民工阶层政治权利实现问题和影响并没有受到应有的重视。在农民工的城市化进程中，如生存权、劳动权等基本权利的确非常重要，但是农民工的政治权利也不可忽视，甚至可以说政治权利是进一步获取和维护以上基本权利的重要保障。但是，就目前的情况看，在城市中工作与生活的农民工群体是一个没有政治权利的阶层，在城市生活中没有合法的、制度化

---

① 林娣. 新生代农民工市民化的路径选择（理论版）[N]. 光明日报，2013 – 06 – 11.

② 周庆智. 农民工阶层的政治权利与中国政治发展 [J]. 华中师范大学学报，2016（1）：5.

的诉求表达渠道来争取权益。可以说，农民工群体在其工作与生活的城市中与政治生活不产生制度性联系，在城市公共事务的决策方面几乎没有任何政治权利和影响力。具体来看，存在如下问题：第一，农民工阶层属无政治群体，处于城市政治社会生活之外，没有居住地或工作地的选举权，且被排除在城市公共生活之外；第二，体制内不容纳，体制外非组织化①。农民工群体在城市得不到各种组织和团体的接纳，享受不到城市正式职工的同等权益，受限于政策与制度，既没有源于体制的保护性资源与组织资源，又缺乏集体性的维护自身权益的正式组织；第三，由政治权利缺失所导致的公民权的不公。由于政治权利缺失，农民工阶层的其他社会权利也存在不公，如在劳工权益维护、劳资关系中均处于弱势，资方利用城乡户籍差别削弱了农民工的议价能力。农民工在就业、工资报酬、人权等方面普遍遭遇不公平对待，已经属于公民权不公的范畴。农民工政治权利的匮乏，阻碍了农民工城市化的进程，是必须改变的。

6.3.1 实现城乡居民政治权利的平等

从政治权利视角看，农民工真正成为享受权利的公民的第

---

① 周庆智. 农民工阶层的政治权利与中国政治发展［J］. 华中师范大学学报，2016（1）：5.

一个环节是成为市民。农民工难以获得市民地位是有体制根源的，而户籍制度的改革则首当其冲，现存的二元分治必须消除。由于二元分割治理体制的制约，使得农业剩余人口无法自由流动并集聚，严重滞后了城市化水平。这将是系统性的变革，因为城镇化进程中的户籍改革涉及到居民身份、社会保障、产业转型等制度性和政策性问题，所以为了不发生互相制约与牵制的情况，必须推进教育、医疗、社会保障与户籍制度同步变革。从逻辑上看，户籍制度改革与城镇化推进的制度瓶颈均在于人口的城市化迟滞（尤以农民工市民化为重）、社会福利待遇的区别对待、政策系统性不合理等。所以，城镇化进程的成败、城乡居民分配的公平公正在很大程度上依赖于由户籍制度改革而带动的公民权利等重要方面的突破。

6.3.2　保障农民工在农村或城市都有机会和出路

在中央"十三五"规划中，新型城镇化的核心是人的城镇化。这要求必须深化户籍制度的改革，鼓励有能力且有市民化意愿的农民工家庭进城落户，并与城市居民有包括政治权利在内的同等的权利和义务。为实现常住人口的基本公共服务的覆盖，应实施居住证制度。对于进城落户的农民工，其在农村的权益也应给予保护，包括维护土地承包权、宅基地使用权、集体收益分配权，并支持其依法自愿转让上述权益以获得收益，增强其市民化的能力。为了防止在农民工市民化的过程中城市大面积出现"城中村"或贫民窟，有必要深化住房制度改革，加大城镇棚户区和城乡危房改造力度①。只有这样，才能在农民工群体市民化过程中提供来自农村的支持，而这种支持在市民化过程完成之前是很必要的。比较有效的做法是，明文保障宅基地、责任田等农民工在老家的既得利益。对于农民工群体关注的问题，如转户进城后的就业、住房、医疗等，有关部门应推出配套制度并保证有效落实，同时也要保证农民工在转户后的承包地、宅基地等的使用与收益权，保证农民工进城落户后的经济支持。必须认识到，政策意图的实现涉及社会配合与系列制度的调整。当前，我国人口的城镇化率明显较工业化率低，而城镇化的根本目的是要消灭城乡差别，实现包括农民工群体在内的所有公民分配的公平与公正。可以说，城镇化是关乎政策法律体系的制度与社会建设问题，包括城乡二元结构、户籍制度、居民身份与公共服务等制度领域。总之，新型城镇化建设的进程中，一定要改变城乡二元格局、构建一元社保体系、建构公民权利平等的制度保障，实现城乡居民分配的公平

---

① 中共中央关于制定国民经济和社会发展第十三个五年规划的建议［N/OL］. http：//www. xinhuanet. com/fortune/2015 – 11/03/c_1117027676. htm, 2015. 11. 03.

与公正的终极目标。

6.3.3 推进赋予农民工群体政治权利的制度建设

获得基本权利是实现包括政治参与权在内的政治权利的前提。反过来，诸如生存权、劳动权等社会权力又是依赖政治权利来保障的。农民工群体政治权利的获得、参与公共事务权利的关键在于政治参与的组织化与制度化建设。要推动上述改变，首先城市的各种社会团体和组织必须要接纳农民工群体；其次，同样允许农民工享有相等的结社权，即有权成立行业组织、工会组织，包括维护本群体权利的正式组织；再次，为了让农民工群体有利用城市公共机制的资格并有表达意见的权利，必须赋予农民工选举权与被选举权，使其参与到城市社会的公共生活中。为了维护农民工的权利，有必要在农民工群体与公共体制之间建构制度化的联系渠道，通过该渠道应该能够发挥协调、代表和作用，这对于农民工群体在城市的生存与发展利益来说，具有重要意义，包括赋予他们依靠公共制度解决问题、通过代表表达诉求的能力。以上权利的实现需要前提，那就是对于农民工更加广泛权利的保障——必须消除制度上和体制上的包括政治权利在内的歧视与不公，而不只限于基本生存权的保障，否则制度改革将在实质性层面上缺乏意义。

政策与制度的变迁是由具体的政治过程推动的，可以从各利益方博弈的视角去观察和解释。农民工政治权利的获得也不例外，如果要避免社会不满情绪政治化，必须引导各方社会力量实现政治妥协、通过政治利益博弈完成，而不是阶层之间的对立与斗争。首先，这要求顶层设计，自上而下地由中央政府推动体制改革，改变城乡二元分治体制、户籍制度及其他城乡分别对待的歧视性的制度与政策；其次，为了农民工群体平等政治权利的实现，必须在高层面、大范围宣传社会权利的平等原则与精神，为争取农民工群体的平等政治权利夯实意识形态基础；再次，加强政治参与的制度化与法制化建设。例如，鼓励农民工阶层形成诸如商会、行业协会等自己的团体组织，发挥这一类组织的沟通与"润滑剂"作用，在农民工群体的权利被过分干预时，或有合理诉求时，可以起到反馈、协商、调停的作用，而这一类组织或团体也是农民工群体高效参与社会事务的载体，并可以提高农民工政治参与的广度与深度。

参 考 文 献

［1］阿马蒂亚·森. 贫困与饥荒［M］. 北京：商务印书馆，2001：61-66.

［2］阿马蒂亚·森著；任赜，于真译. 以自由看待发展［M］. 北京：中国人民大学出版社，2002：31-32，85-87.

［3］卜长莉. 社会资本与社会和谐［M］. 北京：社会科学出版社，2005：88-91.

［4］布坎南，塔洛克. 同意的计算：立宪民主的逻辑基础［M］. 北京：中国社会科学出版社，2000：108.

［5］蔡昉. 城市化与农民工的贡献——后危机时期中国经济增长潜力的思考［J］. 中国人口科学，2010（1）：2-10.

［6］陈广桂. 房价、农民市民化成本和我国的城市化［J］. 中国农村经济，2004（3）：43-47.

［7］陈培秀. 人的发展经济学研究"权利资本"初论——"人的发展经济学"有待回答的一个论题［J］. 改革与战略，

2009（2）：11 – 14.

［8］陈强. 高级计量经济学及 Stata 应用（第二版）［M］.
北京：高等教育出版社，2014：192 – 210.

［9］陈锡文. 推进以人为核心的新型城镇化［N/OL］. ht-
tp：//theory. people. com. cn/n/2015/1207/c40531 – 27894578.
html，2015.12.07.

［10］陈昭玖，胡雯. 人力资本、地缘特征与农民工市民
化意愿——基于结构方程模型的实证分析［J］. 农业技术经济，
2016（1）：37 – 47.

［11］程川. 农民工人力资本对其城市融入影响的实证分析
［J］. 南京工程学院学报（社会科学版），2017（1）：6 – 13.

［12］程姝. 城镇化进程中农民工市民化问题研究［D］.
博士学位论文，东北农业大学，2013.

［13］单菁菁. 农民工市民化的成本及其分担机制研究
［J］. 学海，2015（1）：177 – 184.

［14］丁萌萌，徐滇庆. 城镇化进程中农民工市民化的成
本测算［J］. 经济学动态，2014（2）：36 – 43.

［15］杜宝旭. 中国农民工市民化私人成本收益及其城镇
化效应研究［D］. 博士学位论文，辽宁大学，2016.

［16］杜海峰，顾东东，杜巍. 农民工市民化成本测算模
型的改进及应用［J］. 当代经济科学，2015（2）：1 – 10.

[17] 管清友．习近平常态：未来十年中国经济大趋势 [J]．上海经济，2014（6）：8-10．

[18] 郭剑雄．农业人力资本转移条件下的二元经济发展——刘易斯、费景汉、拉尼斯模型的扩展研究 [J]．陕西师范大学学报（哲学社会科学版），2009（1）：93-102．

[19] 郭力．劳动力流动、产业转移与城市化体系调整——基于新经济地理模型的分析及对策建议 [J]．现代城市研究，2015（12）：42-47．

[20] 国务院发展研究中心课题组．农民工市民化对扩大内需和经济增长的影响 [J]．经济研究，2010（6）：4-41．

[21] 国务院发展研究中心课题组．农民工市民化：制度创新与顶层制度设计 [M]．北京：中国发展出版社，2011：249-253．

[22] 胡际权．中国新型城镇化发展研究 [D]．博士学位论文，西南农业大学，2005．

[23] 胡金华．社会网络对农村劳动力外出就业的影响研究 [D]．博士学位论文，南京农业大学，2010．

[24] 胡雯，陈昭玖，滕玉华．农民工市民化程度：基于制度供求视角的实证分析 [J]．农业技术经济，2016（11）：66-75．

[25] 胡拥军．构建农民工市民化的合理成本分担机制

［N/OL］. http：//theory. people. com. cn/n1/2017/0116/c40531 – 29026318. html，2017. 01. 16.

［26］黄锟. 城乡二元制度对农民工市民化影响的实证分析［J］. 中国人口资源与环境，2011（2）：76 – 81.

［27］黄忠华，杜雪君. 农村土地制度安排是否阻碍农民工市民化：托达罗模型拓展和义乌市实证分析［J］. 中国土地科学，2014（7）：31 – 38.

［28］加里·S. 贝克尔著；梁小民译. 人力资本投资［M］. 北京：北京大学出版社，1987：72 – 73.

［29］姜义平. 失地农民市民化程度测评指标体系的构建［J］. 湖州师范学院学报，2012（4）：78 – 90.

［30］柯兰君，李汉林. 都市里的村民——中国大城市的流动人口［M］. 北京：中央编译出版社，2001：35 – 37.

［31］克里斯托弗·F. 鲍姆著；王忠玉译. 用 Stata 学计量经济学［M］. 北京：中国人民大学出版社，2016：216 – 226.

［32］孔媛. 城市"新二元结构"从分割到融合的新政治经济学分析——以上海为例［J］. 博士学位论文，复旦大学，2011.

［33］冷向明，赵德兴. 中国农民工市民化的阶段特性与政策转型研究［J］. 政治学研究，2013（1）：17 – 25.

［34］李浩. 城镇化率首次超过50%的国际现象观察——

兼论中国城镇化发展现状及思考［J］. 城市规划学科，2013（1）：43 – 50.

［35］李浩.“24 国集团”与“三个梯队”——关于中国城镇化国际比较研究的思考［J］. 城市规划，2013（1）：17 – 23.

［36］李克强. 2018 年政府工作报告［R/OL］. http：// www. gov. cn/zhuanti/2018lh/2018zfgzbg/zfgzbg. html.

［37］李练军，潘春芳. 中小城镇新生代农民工市民化能力测度及空间分异研究——来自江西省的调查［J］. 中国农业资源与区划，2017（1）：175 – 180.

［38］李练军. 新生代农民工融入中小城镇的市民化能力研究——基于人力资本、社会资本与制度因素的考察［J］. 农业经济问题，2015（9）：46 – 53.

［39］李刘艳，吴丰华. 改革开放以来我国农民市民化阶段划分与展望［J］. 经济学家，2017（8）：89 – 96.

［40］李录堂. 信息技术型人力资本：事实依据、形成机理及效应研究［R］. 北京：2011 年信息技术、服务科学与工程管理国际学术会议，2011：1176 – 1181.

［41］李仕波，陈开江. 农民工市民化面临的制约因素及破解路径［J］. 城市问题，2014（5）：74 – 78.

［42］李小敏，涂建军，付正义等. 我国农民工市民化成本的地域差异［J］. 经济地理，2016（4）：133 – 140.

[43] 梁海兵.农民工城市就业搜寻渠道与匹配路径 [D].博士学位论文,浙江大学,2014.

[44] 林娣.新生代农民工市民化的路径选择（理论版）[N].光明日报,2013-06-11.

[45] 林竹.农民工市民化能力生成机理分析 [J].南京工程学院学报（社会科学版）,2016 (1):1-7.

[46] 刘传江,程建林,董延芳.中国第二代农民工研究[M].山东:山东人民出版社,2009:102-107.

[47] 刘传江.农民工生存状态的边缘化与市民化 [J].人口与计划生育,2004 (11):44-47.

[48] 刘洪银.以农民工市民化推进城镇化内敛式转型[J].当代经济管理,2013 (6):63-67.

[49] 刘慧芳,冯继康."三农"难题视域下的农民工市民化 [J].当代世界与社会主义,2008 (3):158-160.

[50] 刘建娥.从农村参与走向城市参与:农民工政治融入实证研究——基于昆明市2084份样本的问卷调查 [J].人口与发展,2014 (1):71.

[51] 刘林平.交往与态度:城市居民眼中的农民工——对广州市民的问卷调查 [J].中山大学学报,2008 (2):183-192.

[52] 刘林平,张春泥.农民工工资:人力资本、社会资本、企业制度还是社会环境?——珠江三角洲农民工工资的决

定模型 [J]. 社会学研究, 2007 (6): 114 –137.

[53] 刘培林. 世界城市化和城市发展的若干新趋势新理念 [J]. 理论学刊, 2012 (12): 54 –57.

[54] 刘松林, 黄世为. 我国农民工市民化进程指标体系的构建与测度 [J]. 统计与决策, 2014 (13): 29 –32.

[55] 刘同山, 张云华, 孔祥智. 市民化能力、权益认知与农户的土地退出意愿 [J]. 中国土地科学, 2013 (11): 23 –31.

[56] 刘文烈, 魏学文. 城市农民工多维贫困及治理路径研究 [J]. 齐鲁学刊, 2016 (6): 90 –99.

[57] 刘小年. 农民工市民化的历时性与政策创新 [J]. 经济学家, 2017 (2): 91 –96.

[58] 刘小年. 农民工市民化的影响因素: 文献评述、理论建构与政策建议 [J]. 农业经济问题, 2017 (1): 66 –73.

[59] 刘秀梅, 田维明. 我国农村劳动力转移对经济增长的贡献分析 [J]. 管理世界, 2005 (1): 91 –95.

[60] 刘治隆. 农民市民化能力初探 [J]. 合作经济与科技, 2014 (5): 46 –47.

[61] 鲁强. 农民工市民化问题研究综述——研究范式、现实障碍与路径趋势 [J]. 山东财经大学学报, 2017 (3): 46 –58.

[62] 鲁强, 徐翔. 我国市民化进程测度——基于 TT & DTHM 模型的分析 [J]. 江西社会科学, 2016 (2): 200 –207.

[63] 陆成林.新型城镇化过程中农民工市民化成本测算 [J].财经问题研究，2014（7）：86 - 90.

[64] 陆铭.城市、区域和国家发展——空间政治经济学的现在与未来 [J].经济学（季刊），2017（4）：1499 - 1531.

[65] 陆铭.空间的力量——地理、政治与城市发展 [M].上海：格致出版社，2014：18.

[66] 罗锋，黄丽.人力资本因素对新生代农民工非农收入水平的影响——来自珠江三角洲的经验证据 [J].中国农村观察，2011（1）：10 - 19.

[67] 马红玉.社会资本、心理资本与新生代农民工创业绩效研究 [D].博士学位论文，东北师范大学，2016：8.

[68] 梅建明.实现农民工市民化是解决农民工问题的根本途径 [J].武汉大学学报（哲学社会科学版），2007（6）：952 - 957.

[69] 2015 年农民工监测调查报告 [R/OL].http：//www.stats.gov.cn/tjsj/zxfb/201604/t20160428 _ 1349713.html，2016 年 4 月 28 日.

[70] 2016 年农民工监测调查报告 [R/OL].http：//www.stats.gov.cn/tjsj/zxfb/201704/t20170428 _ 1489334.html，2017 年 4 月 28 日.

[71] 2014 年全国农民工监测调查报告 [R/OL].http：//

www. stats. gov. cn/tjsj/zxfb/201504/t20150429_797821. html，2015 年 4 月 29 日.

[72] 彭小辉，史清华，朱喜. 城乡二元户籍制度的认识、现实影响与改革取向——基于上海的实证调查 [J]. 中国软科学，2013（5）：27 - 44.

[73] 秦永，汝刚，刘慧. 政府行为对农民工市民化的影响研究——基于博弈论视角 [J]. 南京审计学院学报，2016（1）：11 - 20.

[74] 秦永. 政府行为对农民工市民化的影响研究 [J]. 南京审计学院学报，2016（1）：11 - 20.

[75] 任义科，张彩，杜海峰. 社会资本、政治参与与农民工社会融合 [J]. 甘肃行政学院学报，2016（1）：83 - 118.

[76] 任远，邬民乐. 城市流动人口的社会融合：文献述评 [J]. 人口研究，2006（3）：87 - 94.

[77] 申兵. 我国农民工市民化的内涵、难点及对策 [J]. 中国软科学，2011（2）：1 - 15.

[78] 石忆邵，王樱晓. 基于意愿的上海市农民工市民化成本与收益分析 [J]. 同济大学学报（社会科学版），2015（4）：50 - 58.

[79] 舒尔茨. 人力资本投资 [M]. 北京：商务印书馆，1975：31.

[80] 宋艳菊. 刘易斯转折点：一个文献综述 [J]. 商业研究，2013 (5)：176-180.

[81] 宋艳菊，谢剑锋. 基于利益相关者博弈视角的农民工市民化成本分担机制研究 [J]. 信阳师范学院学报（哲学社会科学版），2018 (2)：1-10.

[82] 速水佑次郎，神门善久. 发展经济学——从贫困到富裕 [M]. 北京：社会科学文献出版社，2009：140-142.

[83] 孙正林，佐赫. 农民工市民化成本估算与分担机制 [J]. 学术交流，2016 (10)：142-146.

[84] 谭崇台. 发展经济学的新发展 [M]. 武汉：武汉大学出版社，1999：46.

[85] 谭崇台，马绵远. 农民工市民化：历史、难点与对策 [J]. 江西财经大学学报，2016 (3)：72-80.

[86] 汤云龙. 农民工市民化：现实困境与权益实现 [J]. 上海财经大学学报，2011 (5)：34-41.

[87] 汤兆云. 新生代农民工的社会网络和社会融合——基于2014年流动人口动态监测调查江苏省数据的分析 [J]. 江苏社会科学，2017 (5)：8-15.

[88] 王琛. 基于利益相关者视角农业转移人口市民化研究 [D]. 博士学位论文，中共中央党校，2014.

[89] 王春超，周先波. 社会资本能影响农民工收入

吗？——基于有序响应收入模型的估计和检验 [J]. 管理世界，2013（9）：55 – 101.

[90] 王桂新. 中国城市农民工市民化研究——以上海为例 [J]. 人口研究，2008（1）：1 – 7.

[91] 王家庭，赵一帆，倪方树等. 新型城镇化进程中农民工市民化的净成本测度——以中国五大城市群为例 [J]. 城市观察，2016（2）：40 – 52.

[92] 王伶，梅建明. 我国农民工市民化进程测度方法与实证研究——基于 29 个省（区、市）4275 份调查问卷 [J]. 农村经济，2015（11）：108 – 113.

[93] 王三秀，罗丽娅. 国外能力贫困理念的演进、理论逻辑及现实启示 [J]. 长白学刊，2016（5）：122.

[94] 王晓红. 农业转移人口市民化成本及其分担机制研究 [D]. 博士学位论文，东北农业大学，2016.

[95] 王志章，韩佳丽. 农业转移人口市民化的公共服务成本测算及分摊机制研究 [J]. 中国软科学，2015（10）：101 – 110.

[96] 王竹林，范维. 人力资本视角下农民工市民化能力形成机理及提升路径 [J]. 西北农林科技大学学报（社会科学版），2015（2）：53.

[97] 王竹林. 基于农民工市民化特征的城市化战略研究 [J]. 大连理工大学学报（社会科学版），2007（3）：64 – 69.

［98］王竹林.资本要素与农民工市民化能力再造机理研究［M］.北京:经济科学出版社,2016:9-16.

［99］威廉·配第著;陈东野译.政治算术［M］.北京:商务印书馆,1978:227.

［100］魏后凯,苏红键.中国农业转移人口市民化进程研究［J］.中国人口科学,2013(5):21-29.

［101］魏后凯.中国城镇化进程中两极化倾向与规模格局重构［J］.中国工业经济,2014(3):18-30.

［102］吴红宇.基于人力资本投资的劳动力迁移模型［J］.南方人口,2004(4):39-44.

［103］吴敬琏.当代中国经济改革教程［M］.上海:上海远东出版社,2016:116-121.

［104］吴琦,肖皓,赖明勇.农民工市民化的红利效应与中国经济增长的可持续性——基于动态CGE的模拟分析［J］.财经研究,2015(4):18-30.

［105］习近平.干在实处走在前列——推进浙江新发展的思考与实践［M］.北京:中共中央党校出版社,2013:129.

［106］习近平.中共十九大报告［R/OL］.http://news.hexun.com/2017-10-18/191267242.html,2017-10-18.

［107］席旭文.新型城镇化、福利约束与市民化问题研究［D］.博士学位论文,吉林大学,2017.

［108］肖子华．习近平流动人口社会融合思想研究［J］．人口与社会，2016（7）：36－50．

［109］谢桂华．中国流动人口的人力资本回报与社会融合［J］．中国社会科学，2012（4）：103－124．

［110］新京报．中国人力资本报告：全国劳动力人口平均年龄升至36岁［R/OL］．http：//www．sanqin．com/2016/1211/263533．shtml，2016.12.11．

［111］徐建玲．农民工市民化进程度量：理论探讨与实证分析［J］．农业经济问题，2008（9）：65－70．

［112］杨菊华．流动人口家庭化的现状与特点：流动过程特征分析［J］．人口与发展，2013（3）：2－14．

［113］杨菊华，张娇娇．人力资本与流动人口的社会融入［J］．人口研究，2016（4）：3－20．

［114］杨云善．农民工市民化能力不足及其提升对策［J］．河南社会科学，2012（5）：58－60．

［115］姚先国，赖普清．中国劳资关系的城乡户籍差异［J］．经济研究，2004（7）：82－90．

［116］叶俊焘，钱文荣．不同规模城市农民工市民化意愿及新型城镇化的路径选择［J］．浙江社会科学，2016（5）：64－74．

［117］袁方成，康红军．新型城镇化进程中的"人－地"失衡及其突破［N/OL］．http：//theory．people．com．cn/n1/

2016/0801/c217905 – 28601100. html，2016.08.01.

[118] 约翰·罗尔斯著；何怀宏译. 正义论 [M]. 北京：中国社会科学出版社，1988：155.

[119] 悦中山. 农民工的社会融合研究：现状、影响因素与后果 [D]. 博士学位论文，西安交通大学，2011.

[120] 张广胜，周密. 新生代农民工市民化进程的测度及其决定机制——基于人力资本与社会资本耦合的视角 [M]. 北京：经济科学出版社，2013：148 –159.

[121] 张桂文. 中国二元经济结构转换的政治经济学分析 [M]. 北京：经济科学出版社，2011：58 –74.

[122] 张国胜，陈瑛. 社会成本、分摊机制与我国农民工市民化——基于政治经济学的分析框架 [J]. 经济学家，2013 (1)：77 –84.

[123] 张国胜. 基于社会成本考虑的农民工市民化：一个转轨中发展大国的视角与政策选择 [J]. 中国软科学，2009 (4)：56 –69.

[124] 张培刚，张建华. 发展经济学 [M]. 北京：北京大学出版社，2016：385 –396.

[125] 章元，陆铭. 社会网络是否有助于提高农民工的工资水平？[J]. 管理世界，2009 (3)：45 –54.

[126] 赵宏燕，李迎春. 可行能力问题研究——贫困问题

分析的新视角 [J]. 前沿, 2007 (12): 209 - 212.

[127] 赵立新. 城市农民工市民化问题研究 [J]. 人口学刊, 2006 (4): 40 - 45.

[128] 郑风田. 对新生代农民工十个关键性问题的研判 [J]. 学习月刊, 2010 (6): 24 - 25.

[129] 中共中央关于制定国民经济和社会发展第十三个五年规划的建议 [N/OL]. http://www.xinhuanet.com/fortune/2015 - 11/03/c_1117027676.htm, 2015.11.03.

[130] 中国科学院可持续发展战略研究组. 2005 中国可持续发展战略报告 [M]. 北京: 科学出版社, 2005: 109 - 112.

[131] 中国统计年鉴 2017 [N/OL]. http://www.stats.gov.cn/tjsj/ndsj/2017/indexch.html.

[132] 中华人民共和国国家发展和改革委员会发展规划司. 国家新型城镇化规划 (2014~2020 年). [R/OL]. http://ghs.ndrc.gov.cn/zttp/xxczhjs/ghzc/201605/t20160505_800839.html.

[133] 钟水映, 李魁. 农民工市民化过程中的现代式社会资本构建 [J]. 东北大学学报 (社会科学版), 2007 (11): 500 - 505.

[134] 周建华. 农民工市民化的经济增长效应分析 [J]. 现代经济探讨, 2013 (3): 16 - 19.

[135] 周密，张广胜，黄利.新生代农民工市民化程度的测度 [J].农业技术经济，2012 (1)：90-98.

[136] 周庆智.农民工阶层的政治权利与中国政治发展 [J].华中师范大学学报，2016 (1)：1-10.

[137] 周少来."农民工市民化"与城市治理体系的重构 [J].中国特色社会主义研究，2016 (2)：62-67.

[138] 周小刚，陈东有.中国人口城市化的理论阐释与政策选择：农民工市民化 [J].江西社会科学，2009 (12)：142-148.

[139] 朱健，陈湘满，袁旭宏.我国农民工市民化的影响因素分析 [J].经济地理，2017 (1)：66-73.

[140] 朱镜德.中国三元劳动力市场格局下的两阶段乡城迁移理论 [J].中国人口科学，1999 (1)：7-12.

[141] 卓玛草，孔祥利.农民工收入与社会关系网络——基于关系强度与资源的因果效应分析 [J].经济经纬，2016 (6)：48-53.

[142] 佐赫，孙正林.外部环境、个人能力与农民工市民化意愿 [J].商业研究，2017 (9)：170-177.

[143] Banerjee, B. Rural to urban migration and the urban labour market (a case study of Delhi) [J]. Review of Finance, 2011：15.

[144] Beveridge, The Magazine of Mysteries (Makhzanu – L – Asrar) by Nizami of Ganja [J]. Journal of the Royal Asiatic Society of Great, 1909, 41 (4): 953 –962.

[145] Bogue, D. J. The Population of the United States: Historical Trendsand Future Projections [M]. New York: Free Press, 1985, 242.

[146] Coleman, J. Observations on Vico as reader of Lucretius [M]. New Vico Studies, 2007, 25: 35 –52.

[147] Dustmann, C. Return migration: the European experience [J]. Economic Policy, 1996, 11 (22): 213 –250.

[148] Fei, C. H. and Ranis, G. A. Theory of Economic Development [J]. American Economic Review, 1961: 9.

[149] Fugate, M. , Kinicki, A. J. & Ashforth, B. E. Employability: A psycho-social construct, its dimensions, and applications [J]. Journal of Vocational Behavior, 2004, 65 (1): 14 –38.

[150] Jorgenson, D. W. Surplus Agricultural labour and the Development of A Dual Economy [J]. Oxford Economic Papers, 1967, 19 (3): 288 –312.

[151] Lee, E. S. A theory of migration [J]. Demography, 1966, 3 (1): 47 –57.

[152] Lewis, W. A. Economic Development with Unlimited

Supplies of Labor [J]. Manchester School of Economics and Social Studies, 1954, 22 (2): 139 – 191.

[153] Lucas, R. E. Life Earnings and Rural – Urban Migration [J]. Journal of Political Economy, 2004, 112 (S1): 29.

[154] Northam R. M. Urban Geography [M]. New York: John Wiley & Sons, 1975.

[155] Oberai, A. S., Manmohan Singh, HK. Migration, employment and the urban labour market: a study in the Indian Punjab [J]. International Labour Review, 1984, 123 (4): 507 – 523.

[156] Odaka, T. The Sin of Adam According to Origen [J]. Catholic Studies, 1989, 56: 133 – 162.

[157] Park, R. E., Burgess, E. W. Introduction to the science of sociology [J]. The Univ of Chigago PR, 1921, 131 (6): 1 – 12.

[158] Pertes, R. A., Bailey, D. R. & Milone, AS. Atypical odontalgia-a nondental toothache [J]. Journal of the New Jersey Dental Association, 1995, 66 (1): 29.

[159] Posel, D., and Casale, D. & Muller, C. Two million net new jobs: A reconsideration of the rise in South Africa, 1995 – 2003 [J]. South African Journal of Economics, 2003, 72 (5): 978 – 1002.

[160] Psacharopoulos, O. Returns to investment in education:

A global update ［J］. World Development, 1994, 22 (9): 1325 – 1343.

［161］ Putnam, R. Making democracy work ［M］. Princetion: Princeton University Press, 1993: 31 – 44.

［162］ Ronald, W. , Mc Quaid, & Colin Lindsay. The Concept of Employ ability ［J］. Urban Studies, 2005, 42 (2): 197 – 219.

［163］ Schult, RL. , Capps, RH. K – D Absorption and a pi – Sigma Resonance ［J］. Physical Review, 1961, 122 (5): 1659 – 1662.

［164］ Shin, M. S. , Ha, J. M. & Park, S. K. Migration Tendency according to the Residents' Lifestyle in a Large Residential Estate Development – Focused on the Daegu Sin – Seo Innovative City ［J］. Journal of the Korean Housing Association, 2008, 19 (1): 29 – 37.

［165］ Stak, O. Rural-to-Urban Migration in Less Development Countries: A Relative Deprivation Approach ［J］. Economic Development and Cultural Chang, 1984, 32 (3): 475 – 486.

［166］ Stark O, Taylor J. E. Migration incentives, the role of relative deprivation ［J］. The Economic Journal, 1991: 101.

［167］ T. H. 马歇尔, 安东尼 · 吉登斯等. 公民身份与社会阶级 ［M］. 江苏: 江苏人民出版社, 2008: 34 – 53.

[168] Todaro, M. P. A Model of Labor Migration and Urban Unemployment in Less Developed Countries [J]. American Economic Review, 1969, 59 (1): 138 – 148.

[169] Zaiceva, A. , Zimmerman, K. F. & Scale. Diversity, Determinants of Labour Migration in Europe [J]. CEPR Discussion Papers, 2009, 24 (3): 428 – 452.

[170] Zlinsky, J. Este o. The Hypothesis of the Mobility Transition, Geographic Review [J]. 1971 (61): 216 – 249.

后　记

时间过得飞快，重返母校攻读博士学位已近7年，在这个明亮而寒冷的下午，本书的撰写终于完成！对于女博士，投身学业尤为不易，回首漫漫求学路，有快乐也有忧伤，有辛勤也有迷茫，有拼搏也曾想过放弃，有收获也有缺憾，但我始终不悔把最美好的年华留在辽大校园！

7年前，我已为人妻为人母，在家庭与工作的双重压力下，是否选择攻读博士学位曾令我犹豫不已。但当我于2011年春天再度走进辽宁大学的校园内，看着眼前曾经无比熟悉的景物，多年前从经济学基地班毕业并作为交换学生攻读硕士的往事也历历在目，我记起了当年自己的踌躇满志、更想起了经济学院的恩师对我们的殷切期望！于是，我不再犹豫，也不敢再迟疑，毅然于当年9月回归母校，再度踏上求学深造之路。

第一次拜见我的导师张桂文教授的情景宛如昨日。那一时期恰逢导师所主持的社科重大课题进入攻坚阶段，任务重大、时间紧张。简短的几句询问后，老师将一部国外学者的前沿著作送给我，并以此书为例详细地向我解释了研究方法、指引了研究方向。老师温柔的目光让我倍感亲切，但她坚定的语气也让我感觉到压力。时至今日，我仍然认为那天上午老师的教诲是我学术道路上真正意义的启蒙。老师是政治经济学界的著名学者，是该领域的婉约派，能够成为像导师一样事业成功的女性是我的梦想，或许正是这个梦想让我不敢轻言放弃。我怎能放弃？开题的阶段，老师为我的论文结构安排投入了多少精力啊！我怎敢放弃？创作的过程，老师又为我的模型构建倾注了多少心血！多少次，您在电话的另一头指导我到深夜，我不能辜负您的期望，您给予我知识与视野，我回报您努力与坚持！我永远感谢您的谆谆教导，谢谢您对我寄予的厚望！

感谢经济学院院长谢地教授，谢老师治学严谨、情怀博大，只阅读他的文章与著作就可受益良多。感谢于金富教授，于老师学富五车，授课更是精彩绝伦。感谢和军教授的指导，和老师平易近人，观点独到。

感谢我的同事刘伟副教授，她总能够体谅我的困难，在工作中对我倍加关照。感谢同事韩家彬博士，他学识渊博，在论文撰写期间，很多计量上的问题经他指点总能豁然开朗。感谢贾凯威博士，他对本书的关键部分所提出的建议是至关重要的。感谢马林梅博士，感谢马兴微博士，感谢杨彤骥副教授，这几位精湛的英语水平为我理解一些艰深难懂的外文文献提供了巨大的帮助。感谢同学张华博士，她像姐姐一样提醒我、帮助我！

我要感谢我的父亲，他总是默默地支持我，在母亲去世后，父亲是我心中最大的牵挂！希望父亲健康长寿，也希望我的心血之作能够告慰母亲，我没有一天不想念您！感谢我的哥哥宋刚博士，你是我的榜样，谢谢你在我遇到困境时给予我的鼓励和帮助。

感谢我的公公婆婆，在我忙于博士学业的数年时间里，二老每日操劳，辛苦了！感谢我的一双儿女，在写作最艰难的日子里，他们给我最大的快乐和安慰，同时也让我意识到，今天的辛苦工作是为了下一代而做的！

感谢我的爱人谢剑锋博士，我们已相濡以沫度过十余个寒暑，他对我的支持与帮助难以估量，当然也无须言表。在本书的创作过程中，我们一起欢呼一起失落，终于携手渡过难关。

本书的完结不意味着结束，而是我继续研究学问、追求真理的新开端！

宋艳菊

2019 年 6 月